科普江苏创作出版扶持计划项目

向地球深部进军
——从里耶古井到羊八井能源新纪元

王 栋 曾献奎 吴吉春 编 著

南京大学出版社

图书在版编目(CIP)数据

向地球深部进军：从里耶古井到羊八井能源新纪元 / 王栋，曾献奎，吴吉春编著 . -- 南京：南京大学出版社，2025.3. -- ISBN 978-7-305-28936-1

Ⅰ. K928.79

中国国家版本馆 CIP 数据核字第 2025QP7792 号

出版发行　南京大学出版社
社　　址　南京市汉口路 22 号　　邮　　编　210093
书　　名　向地球深部进军——从里耶古井到羊八井能源新纪元
　　　　　XIANG DIQIU SHENBU JINJUN —— CONG LIYEGUJING DAO YANGBAJING NENGYUAN XINJIYUAN
编　　著　王　栋　曾献奎　吴吉春
责任编辑　甄海龙　　　　　　　　编辑热线　025－83595840
照　　排　南京布克文化发展有限公司
印　　刷　南京玉河印刷厂
开　　本　787mm×960mm　1/16　印张 12.25　字数 210 千
版　　次　2025 年 3 月第 1 版　2025 年 3 月第 1 次印刷
ISBN 978-7-305-28936-1
定　　价　58.00 元

网　　址　http：//www.njupco.com
官方微博　http：//weibo.com/njupco
官方微信　njupress
销售咨询热线　025－83594756

* 版权所有，侵权必究
* 凡购买南大版图书，如有印装质量问题，请与所购图书销售部门联系调换

序

Preface

井,是人类与大地对话的纽带,是文明演进深邃的见证。从新石器时代河姆渡先民凿木为井,到今日万米深井探究地球奥秘,井承载着中华民族对大自然的尊重敬畏、对水资源的智慧利用,更映射着科技与文明交织的壮阔历程。

在科普江苏创作出版扶持计划项目支持下,编著者系统梳理了井在中国社会发展中的多重角色,串连了华夏文明上下五千年的璀璨图景。从先秦的质朴陶井到明清的精巧石井,从大禹治水"凿井而饮"的传说,到"争气井"突破7 000米深度的工业奇迹,每一口井既是技术演进的里程碑,也是文化传承的活化石。编著者敏锐捕捉到了新时代"向地球深部进军"的科技浪潮。从亚洲最深油气水平井"果勒3C井"的突破,到深海钻井平台"蓝鲸号"的巍然屹立,诸多大国工程奇迹不仅是我国综合实力的彰显,更是人类探索未知的勇气与荣光。

编著者巧妙融合了历史叙事与科学解析,将深奥的地学术语化作生动的文明故事,使得该书兼具学科学术深度与科普传播温度。书中每一章节都似一把钥匙,为读者打开了感知地球的新维度:青少年可以触摸传统文化的根脉,科技工作者可以产生跨学科研究的灵感,普通公众亦能深刻理解"绿水青山就是金山银山"新发展理念的战略要义。这种将文化遗产与现代科学有机结合的书写方式,无疑为科普创作树立了样板。

中国式现代化是人与自然和谐共生的现代化。向地球深部进军,不仅是科技的远征,更是文明的回归,在敬畏自然中创新,在传承文化中突破。编著者南京大学王栋、曾献奎、吴吉春教授团队长期从事水文水资源环境等领域研究,在立德树人、科技创新和服务国家战略需求等方面取得了一系列优异成果。相信在他们的努力下,这部科普书籍能够激发公众对地球科学的更多热爱,唤醒更多人对可持续发展的思考与实践,为构建人与自然生命共同体注入新的智慧与力量。

是为序。

中国工程院院士、英国皇家工程院外籍院士、中国"节水大使"
第八届"中国科普作家协会优秀科普作品奖"金奖图书主编

张建云

前言

水,作为滋养万物、孕育生命的源泉,自古以来便是人类文明的摇篮与基石。远古先民颇有智慧,择水而居,而中华民族更是以打井取水的壮举,开创了开发利用地下水资源的先河。井的诞生,不仅标志着人类对自然资源的深刻理解和巧妙利用,更成了中华民族繁衍生息不可或缺的生命线。

历史上有黄帝穿井的传说,周代流传下来的《世本》中记载:"黄帝见百物,始穿井。"史料记载,黄帝时期农业和畜牧业都得到了进一步的发展,其结果是巩固了村落定居生活,部落不再局限于"依山傍水"的狭窄位置,而是可以进一步向广阔的大平原进军。黄帝部落进入平原之后,亟待解决水源问题,其中一个方法便是凿井以开发地下水源,由此流传出"黄帝穿井"的传说。关于井的传说还有一个说法是"伯益作井",《淮南子·本经训》中记载:"伯益作井,而龙登玄云,神栖昆仑。"结合文献资料,我们认为这一说法是有依据的,因为伯益和大禹是同时代的人物化身,大禹治水便需要凿井,因此也可以说凿井技术的发明是大禹治水"伟大的附属产品"。这些传说不仅是历史的回响,更是中华民族勇于探索、与自然和谐共生的生动写照。

从考古学证据推断,中国最早的井可以追溯到新石器时代,也就是公元前5000年左右。目前已经发现了许多新石器时代的遗址,其中包括了一些早期的水利工程。例如,在河南省的新郑市境内,发现一处距今约7000年的遗址,这里出土了大量的陶器、石器、骨器等物品,其中包括一些井,这被认为是中国最早的井之一。同时,在位于浙江宁波余姚市的河姆渡镇的河姆渡遗址中,考古学家发现了我国最早的木结构水井。此外,在陕西、山东、江苏等地也发现了一些新石器时代的井,这些井大多是用石器或陶器等手工制成的。在新石器时代之后,随着社会的发展,凿井技术逐渐成熟,利用井开采地下水资源的效率也不断提高,总的来说,中国井的发展史是一个漫长而不断进步的过程,同时也是人们开采地下水资源、与自然和谐共生的过程。人们通过不断地实践和探索，创造出了许多优秀的凿井、护井技术和工具，为中国农业和经济的发展做出了重要的贡献。

井之所以在中华文明发展的进程中占据重要地位，主要是因为其与水资源的开发利用有着密不可分的关系。水资源是人类文明和历史文化的重要基础。从古代的河谷文明到现代的都市圈建设，水一直扮演着重要角色。在古代，黄河流域就孕育了璀璨的中华文明，而在现代城市，水资源不仅是人们生活的必需品，同时也是城市文化和建筑的重要元素。井作为一种人工水源，它的出现让人们得以开采地下水资源，为干旱或缺水地区的居民提供可靠的水源，促进了社会的繁荣和城市的发展。

其次，井不仅是一种非常重要的水源，同时也在中国历史上有着非常深厚的文化影响，民间就曾流传许多关于井的故事和成语。例如"喝水不忘打井人"，一般比喻在做某件事情时要注重长远利益，不忘根本。它传达了一个重要的价值观：着眼大局，守根固本，这种价值观对中国人的思想观念和行为准则有着深远的影响。

此外，人类文明和中华历史文化的发展和进步同样离不开井的贡献。首先，井的发明不仅为人类提供了可靠的饮水资源，同时也为农业生产提供了重要的保障，使得耕作更加高效，增加了农民的生产力，为人类提供了更加充足的食品资源。其次，中国古代的文化和哲学思想强调人与自然的和谐共存，而井的发明恰恰体现了这种和谐，井的开凿需要选取合适的地理位置，这是自然条件所决定的，同时，在古代，人们会在开井前举行隆重的祭祀活动，以表达对自然的尊重和感恩。最后，随着井文化的不断发展，井在中国历史上不仅是取水的场所，还是社交和文化交流的场所。人们常常在井边聚集，交流天气、农事、生活等方面的信息。井还是道德教育的重要场所，人们在井边挂上"勿忘初心""忠诚""孝顺"等红色横幅，提醒自己始终保持良好的品德和行为。

在当今社会，随着人口的增长与城市化进程的加速，水资源的保护与可持续利用成为全球性挑战。井文化的传承与弘扬，为我们提供了宝贵的经验与启示：告诫我们要珍惜每一滴水，科学合理地开发利用水资源，同时，倡导节水意识，推广节水技术，减少水资源的浪费。此外，井文化的传承还强调了对环境和生态的尊重与保护，提醒我们在开发利用水资源的同时，要注重生态平衡，避免对自然生态环境造成不可逆的损害。

特别是中华人民共和国成立以来，井的角色更是发生了翻天覆地的变化。

从中国第一口超 7000 米超深井"争气井"的壮举,到积极响应习总书记"向地球深部进军"号召而诞生的亚洲最深油气水平井果勒 3C 井,中国在超深油气勘探、大陆科学钻探、深海钻探等尖端科技领域取得了令世界瞩目的成就。这些井,不仅是能源探索的先锋,更是科技进步与国家实力的生动写照,它们以独特的方式,向世人展示着地球内部的奥秘,成为普及地球科学、能源科学知识的鲜活教材。

全书紧扣"创新、协调和绿色"新发展理念,系统梳理了我国从古代至现代各历史时期代表性井的分布特征、技术演变及背后的历史文化信息。通过讲述井的悠久发明历程及其在社会进步中的重要作用,激发青少年对传统文化的浓厚兴趣与深切热爱,进而培养他们的历史责任感与文化自信心。井文化如同一座桥梁,连接着过去与未来,让年轻一代在了解历史中汲取智慧,在传承文化中勇于创新。

更为重要的是,井文化的广泛传播可有效促进水科学与地球科学知识的普及,提升公众的科学素养与环境保护意识。将井文化的深厚底蕴与现代科学知识、当代最新科技发展相结合,可令更多人深入了解井的历史价值、文化内涵及其在科学探索与环境保护中的重要作用,共同推动社会的可持续发展与人类的共同进步。

因此,深入挖掘井文化的历史价值与文化内涵,将其与青少年教育及大众科学素养提升、文化传承与遗产保护、生态文明建设与环境保护、地球深部探索、防灾减灾等现代议题相结合,通过科普宣传、教育引导、文化传承等多种方式,必将令井文化在新时代焕发出更加绚丽的光彩,为建设绿水青山、构建人类命运共同体贡献智慧与力量!

目录

第一章　井与人类文明 ……………………………………… 001
　　1.1　地下水资源的开发利用 ………………………………… 001
　　1.2　历史重要文明与井的关系 ……………………………… 003

第二章　井的类型 …………………………………………… 006
　　2.1　井的功能 ………………………………………………… 006
　　2.2　井的类型 ………………………………………………… 009

第三章　先秦时期的井 ……………………………………… 015
　　甘谷县古风台古井 …………………………………………… 015
　　随州市东周古井 ……………………………………………… 016
　　纪南城陶圈井 ………………………………………………… 017
　　湘乡市三眼井 ………………………………………………… 018
　　五一广场战国水井群 ………………………………………… 019
　　湘西里耶古井 ………………………………………………… 019
　　济南市舜井 …………………………………………………… 021
　　常州前桥村古井群 …………………………………………… 023
　　河津市河津井 ………………………………………………… 024
　　淹城村关雎井 ………………………………………………… 024
　　太原市晋阳井 ………………………………………………… 025
　　阳泉市战国水井 ……………………………………………… 026
　　西安市丰镐遗址西周水井 …………………………………… 026
　　河姆渡遗址古井 ……………………………………………… 027

第四章　秦汉时期的井 ········· 029
鸡鸣寺白鹤井 ········· 029
曹章村陶井 ········· 031
杨孚井 ········· 031
河北白鹿泉井 ········· 032
越王井（九眼井、粤王井） ········· 033
内蒙古河套古井 ········· 033
南越王宫遗址古井 ········· 034
半倒井 ········· 035
吕梁市乔家大井 ········· 035
大安宅古井群 ········· 036

第五章　魏晋南北朝时期的井 ········· 038
孔明井 ········· 038
临汾市尧庙井 ········· 039
五眼井 ········· 039
憨憨泉 ········· 040
胭脂井 ········· 040
同乡共井 ········· 043
萧梁古井 ········· 046
山西大同悬空寺井 ········· 047

第六章　隋唐时期的井 ········· 048
凤凰井 ········· 048
百花井 ········· 049
云居寺圣水井 ········· 049
江华县九龙井 ········· 050
鸿胪井 ········· 050
金岭五村双井口 ········· 051
西安市龙首渠井渠 ········· 052
成都市水井街酒坊遗址 ········· 052

平遥古井群 ··· 053
　　相国井 ··· 054

第七章　宋朝及五代十国时期的井 ··· 058
　　状元井 ··· 058
　　钱塘第一井 ··· 059
　　庙井 ··· 061
　　缙云山八角井 ··· 061
　　珠海市莲花山古井 ··· 062
　　八角井 ··· 063
　　汕头市南澳宋皇井 ··· 063
　　银川西塔井 ··· 064
　　太原五龙井 ··· 065
　　乳泉井 ··· 065
　　八棱石井 ·· 066
　　八眼井 ··· 067
　　运木井 ··· 069
　　扳倒井 ··· 072
　　静安寺涌泉井 ··· 072
　　紫金泉 ··· 073

第八章　元朝时期的井 ·· 077
　　北海水精域古井 ·· 077
　　贵阳市三元井（玉元井） ·· 078
　　永巩井 ··· 078
　　河北圣井 ·· 079
　　观星台古井 ··· 080
　　天井巷元井 ··· 080
　　显卿古井 ·· 081
　　湖田窑古井遗迹 ·· 081
　　新余元朝古井 ··· 082

鄂尔多斯"百眼井" ··· 082
鄂尔多斯市"黑城子"古井群 ······································ 083
东高古井 ·· 083
小杨戈六角井 ·· 084
五台山观音井 ·· 085
太原市神泉寺井 ··· 085
元代砖井 ·· 086
永丰库古井遗址 ··· 086
钟楼拾光古井遗址 ·· 089
明代倭井 ·· 091

第九章 明朝时期的井 ··· 092
亚婆井 ··· 092
廉泉古井 ·· 093
石景山古井 ··· 093
圣母池 ··· 096
仙人古井 ·· 096
十八梯古井 ··· 097
武威市雷台古井 ··· 097
神乐观醴泉井 ·· 098
老北市井 ·· 099
八王寺井 ·· 100
枣庄市车庄古井 ··· 102
渭南市蒲城考院古井 ··· 102
自贡市燊海井 ·· 103
吐尔坎儿孜 ··· 104
红河哈尼族彝族自治州建水古井 ································ 105
郭婆井 ··· 106

第十章 清朝、民国时期的井 ······································· 107
三眼井 ··· 107

天星井群	107
大井头区域水井	108
茨林围水井	109
河北龙崩井	109
密云范公井	109
八斗古井	110
吉林廉泉古井	110
木辘轳井	114
忻州市大观音井	114
老龙口井	114
徐氏当铺古井	115
银川西府井	117
变色龙水井	118
砚水湖	118
米依木·巴依坎儿井	119
龙泉井群	120

第十一章　深部地热资源开发井 … 121

11.1　地热资源简介　121
11.2　中国对地热资源开发利用的发展历程 … 122
11.3　中国地热资源开发利用井的里程碑 … 123

第十二章　大陆科学钻探井 … 135

12.1　大陆科学钻探井简介　135
12.2　中国大陆科学钻探工程发展历程 … 135
12.3　中国大陆科学钻探工程的里程碑 … 136

第十三章　超深油气钻探井 … 152

13.1　超深油气钻探井简介　152
13.2　中国超深油气钻探井的发展历程 … 153
13.3　中国超深油气钻探井的里程碑 … 154

第十四章　海上钻井 ··· 163
14.1　海上钻井简介 ··· 163
14.2　中国海上钻井发展历程 ·· 164
14.3　中国海上钻井平台的里程碑 ·· 165

参考文献 ·· 176

扫码进入线上资源

第一章　井与人类文明

井在古代文明的起源与发展中发挥了重要作用,是人类文明重要的组成部分之一。在人类历史发展早期,随着文明的进步和人口的增长,人们需要获取大量的水源,而井作为一种人工地下水源应运而生。在没有现代化设施的古代,井为人们生活、农业生产、工业生产等方面提供了重要水源,为人类文明的持续发展提供了重要的水资源支撑。

此外,井在历史上与许多重要文明的发展和兴起也有着密切的关系。在古代,许多文明建立在大河流域,如尼罗河流域、两河流域、印度河流域和黄河流域就曾孕育出世界四大文明古国。这些文明依赖于河流的水源,但在干旱季节,河流水位会下降,为了保证水源,人们需要挖掘井以开采地下水,井便成了这些文明的重要水源之一。

随着科技的进步,虽然井的部分作用逐渐被取代,但它们仍然扮演着重要的角色。在今天,许多地方仍然需要井来提供饮用水和农业灌溉水。

总之,井与人类发展的关系密不可分,是文明发展不可或缺的组成部分,它不仅为人类的生存提供了必需的水源,同时也是人类文明发展的见证和象征。

1.1　地下水资源的开发利用

地下水一般指赋存于地面以下岩石空隙中的水,狭义上是指地下水面以下饱和含水层中的水。在国家标准《水文地质术语》(GB/T 14157—93)中,地下水是指埋藏在地表以下各种形式的重力水。地下水资源是一种非常重要的水资源,在干旱或缺水地区,地下水能够提供可靠的水源,此外,地下水也是一种相对稳定的水资源,因为它们受到地表水循环和气候变化的影响较小,而且能够在地下岩层中长期贮存。目前,随着开采技术的提升,地下水已被广泛应用于农业、工业和居民生活等领域。

由于地下水深埋在地面以下的含水层中,因此需要借助井进行开采。井是开发和利用地下水资源的主要工具,通常是一种钻孔或挖掘而成的储水设施。不同类型的井,如:浅井、深井、泉眼等,适用于不同的地下水层和地形条件,同时,井的建设和维护也需要根据地下水的情况进行规划,因地制宜地对井的位置、深度、直径、开采量以及井壁结构设计等参数进行设计。

井对地下水资源开发的贡献可以追溯到古代。井的出现使生活在干旱地区的人们能够取用地下水,这为农业、人口和工业的发展提供了必要的水源。例如,中国的黄河流域就有着悠久的用井开采地下水的历史。早在商朝,人们就已经在黄河流域挖掘井,后来这里逐渐发展成了一个庞大的井群,这些井被称为"井田"。由于凿井的技术手段落后,当时的井多为手工开挖的浅井,并利用绳索、木桶等简单工具取水,取水主要用于灌溉农田和提供水源,开采的地下水多为浅层含水层中的水。

随着科技的发展和工业化的加速,现代的井已经不再是简单的水源设施,而是采用了更先进的技术和设备,例如钻井机、井下泵站、水处理设备等。这些现代化的技术和设备让人们能够挖掘深井,更高效地获取深层含水层中的地下水资源,并且可以满足城市供水、农业灌溉、工业生产等方面的用水需求,同时也可以对地下水的质量进行更好的控制和保护。

然而,在现代化的背景下,人口的增长和经济的发展导致人们对水资源的需求量也在逐渐增加,同时,由于地表水资源的日益紧缺,我国出现了地下水资源过度开采的问题。用井过度开采地下水所导致的问题层出不穷,具体包括:地下水位下降、海水入侵、地下水水质恶化以及地面沉降等问题。

地下水位下降:过度开采导致地下水资源紧缺的案例不胜枚举。中国北方平原是中国最重要的粮食生产区之一,同时也是全球最大的地下水开采区之一。在这个地区,由于地下水被长期过度开采,地下水位下降严重,一些地区的地下水资源已经枯竭,农业生产和生态环境受到了严重影响。

海水入侵:地下水过度开采导致的海水入侵问题是国内许多滨海地区所面临的实际问题。我国的黄渤海地区是受海水入侵影响较为严重的地区之一,例如,根据河北省水文水资源勘测局的数据,2009年河北省东部的渤海滨海平原有约80%的地下水受到了不同程度的海水入侵,其中有些地区的地下水电导率高达 30 mS/cm,严重影响了当地的农业和生态环境。

地下水水质恶化:根据 2012 年发布的《中国地下水问题调查报告》,河北省中南部地区地下水过度开采的情况比较严重,其中,邢台市、石家庄市、保定市等地因此出现了严重的地下水水质问题,主要污染物包括硝酸盐、氟化物、重金属等。

地面沉降:根据 2019 年上海市自然资源和规划局发布的《上海市地质灾害危险性评价》,上海市的地面沉降速度高达每年 2~4 厘米,已经对当地的建筑物和基础设施造成了不可忽视的影响。

过度开采地下水已经是一个全球性的问题,除了制定相关的政策法规对开采地下水的行为进行约束,也可以从开采井的方面采取一些应对措施,例如:管理井的数量和深度,避免过多、过深地开采地下水资源;实施井群联合开发,将多个井的开采联合起来,协调地下水资源的管理;加强井的监测,及时监测井的开采量、地下水位以及水质等指标,避免造成严重后果。

综上所述,虽然开采地下水可以实现地下水资源的开发利用,为人类发展提供有力的物质支撑,但随着社会经济的发展,我国目前存在严重的过度开采地下水的问题,给经济、社会和环境方面带来了巨大的损失。因此,我们必须加强对地下水资源的管理和保护,应对过度开采地下水问题,需要从多个方面采取综合措施,充分发挥井的作用,实现地下水资源的可持续开发和利用。

1.2 历史重要文明与井的关系

在人类历史的早期阶段,井是一种非常重要的技术发明,一方面,它为人们提供了可靠的淡水供应,支撑了人类社会的发展。前面已经谈到,井在地下水资源的开发利用中扮演了十分重要的角色。另一方面,从人类文明发展的历程来看,井同样也起到了不可或缺的作用。

在世界四大文明之一——古埃及文明中,井是非常重要的。古埃及文明发源于尼罗河流域,该流域时常缺乏水源,因此在沙漠中挖掘井是一项必不可少的技术。这些井被用于灌溉农田、给人畜提供饮用水,同时还被用于建造庙宇和皇家陵墓,为古埃及人民的繁衍和发展提供了优质、稳定的地下水源,可以说,井的出现是古埃及文明能够在沙漠中生存和发展的坚实保障。井对文明的推进作用同样体现在古印度文明中,由于印度大部分地区处于热带季风带,气候多变,部分地区的气候炎热干燥，水资源稀缺。因此，印度人发明了一种称为"斯图帕"（stupa）的建筑，它能够为井提供保护，同时斯图帕可以用来收集和储存雨水，它们通常被建在山顶或高地上，收集到的雨水可以流入地下水库或井中，提供人们所需的淡水。值得注意的是，斯图帕在印度是一种非常重要的佛教场所，具有神圣的社会和宗教意义，而它与井往往是一起出现的，由此也可以看出井在古印度文明中的重要地位。

在中华文明发展的历史上，井也扮演了重要角色。在我国自新石器时代，当时的河姆渡文化繁盛一时，其中最典型的建筑便是"水利工程"——井，这也是第一口有考古证明的井。河姆渡居民采井历史悠久。根据考古学研究，早在距今5000年前，河姆渡居民就开始在部落周围挖掘井以取得地下水源。这些井通常位于家庭和村庄的中心地带，成为当地居民获取饮用水和灌溉用水的主要来源。当时的井一般较小，直径为1—2米，深度为2—3米。这些井是由手工挖掘而成的，形状通常呈圆形或方形。挖掘井的技术十分精湛，井口通常用石板或木板围成，以防止人或动物跌入井中。从河姆渡出土的大量井遗址可以推断，采井是河姆渡居民的一项重要生产活动，带动了当地社会的发展。井的出现使得当地的农业生产得到了极大的进步，增加了水稻等农作物的产量，同时也方便了当地居民的生活，促进了河姆渡文明的蓬勃发展。

到了商朝时期，人们已经开始大规模地开采井来获取地下水，解决了因为干旱而缺水的问题。例如，商朝的都城附近有一个名为涿鹿台的水源，当时人们主要通过挖井的方式获取地下水，这些井不仅供应了王室和贵族的饮用水，也为城内的百姓们提供了饮用水。对井的开掘和维护，为商朝都城的居民提供了稳定的饮用水来源，解决了饮水问题，同时也促进了城市的发展。井不仅为商都居民解决了水源问题，同时也促进了交通和商贸的发展。商朝时期的都城附近有一条名为"商水"的运河，这条运河便以井泉作为主要供水方式之一。商水的通航不仅方便了水路交通，也为商贸活动提供了更为便捷的交通手段，推动了商贸经济的发展。总的来说，到了商朝，城市文明的发展与井的关系已经密不可分。井泉的开凿、维护和利用，不仅为商朝都城的居民提供了饮用水、农业生产的水源，同时也为商贸经济提供了更为便捷的交通手段。这些措施促进了商朝的发展，推动了中华文明的进步。

自商朝大规模利用井解决生产、生活问题之后，中国历史上各个文明的发展都离不开井的贡献。

秦朝：秦朝是中国历史上的一个封建王朝，同时也是中国历史上农业生产较为发达的时期之一。为了提高农业生产效率，秦始皇采取了多种措施，其中一个重要措施便是开凿大规模的灌溉用井。据史书记载，秦始皇时期，全国灌溉用井超过12万眼，这些井泉为农业生产提供了强大的水源保障，促进了粮食产业的发展。此外，秦始皇还将井用到大规模的军事和工程建设中。据《史记》记载，秦始皇曾经下令在雍州修建水渠，并在渠道的中途建造井泉，以供给修建兵马俑和墓室的水源。同时，随着城市化的发展，秦朝时期的城市人口大量增长，城市的饮水问题也成了一个难题，于是人们在各地开凿井泉，为城市提供了饮用水。其中，位于陕西省渭南市华州区的"华山君井"是当时的重要饮水井。这些井的开凿为秦文明的发展提供了有力支持。

明朝：明朝是一个非常富庶的时期，井在这个时期也发挥了重要的作用。明朝时期进一步发展了农业管理制度，该制度通过把土地分成许多小块，并在每个小块周围建造一口井，使得每块土地都可以得到充足的灌溉。这种制度的实施提高了农业生产力，推动了明朝经济的繁荣。同时，根据史料记载，明朝时期，浙江嘉兴的灌溉用井就达到了1100多口，为农业生产提供了强大的支持。值得一提的是，明朝时期，随着城市化的进程，城市防御也变得尤为重要。为了加强城市的防御力量，明朝时期修建了很多城墙，城墙外还开凿了很多防御用井。这些井可以作为城墙外壕沟的补给，提供城市防御所需的水。

清朝：相比以往，清朝井的建造技术得到了进一步的发展，除了在饮用水以及农业用水方面的进步，井在工业和矿山领域的应用也得到了显著发展。清朝时期，中国的煤炭资源开发也取得了一定的成就，山西的煤炭资源开发规模逐渐扩大，人们建造了很多用于矿井排水和运输的井，这些井为清朝的工业生产提供了必要的能源，推动了国家的工业发展。此外，清朝时期井文化也得到了进一步的发展，例如当时的"鱼目洞天""九龙壁"等建筑中都有井的图案和装饰，反映了井在清朝文化发展中的重要地位。

总而言之，无论对于中国还是世界其他地区，井在人类历史文明的发展过程中始终扮演着十分重要的角色，它对历史文明的推进作用不仅体现在生产和生活方面，同时也深入文化和宗教领域。可以说，井作为人类发展史上最伟大的发明之一，其同时也是人类历史文明不断进步、源远流长的重要象征。

第二章 井的类型

2.1 井的功能

  井的建造在人类社会中具有很重要的意义。它们提供了可靠的水源,增加了农业生产和支持工业、采矿活动,同时提高了人们的生活质量。井有很多重要的功能,如取水、采矿、测量、考古、研究、景观等。以下详细介绍。

  井的取水功能。主要是通过在地下挖掘或钻探而形成的垂直或倾斜通道,使地下水从井底处被引入井内,供人们取用。井的取水功能基于收集地下水、过滤水质、贮存水量和提取水源等步骤,提供了一种相对稳定的水源,满足了人们的用水需求。当井挖掘或钻探到地下含水层时,水会自然流入井内。一般来说,井会挖掘到水位以下,这样井底就可以自然蓄水,使得井内的水位与地下水位相同或更高。井底的水通过地下岩石或泥土的过滤作用,通常比地面上的水更清洁。此外,井的口径较小,也可以有效防止污染物进入井内,因此取出的水通常是相对清洁的。井的深度和直径可以影响井的存水量。井深和直径越大,存储的水量就越多。这样,当地面上的水源不足时,井就可以提供一个相对稳定的水源。为了使用井中的水,人们可以使用各种设备,如手摇水泵、电动水泵或水井提桶等,将水提取到地面上。这样,人们可以在不受地面水源限制的情况下方便地取用水。

  井的采矿功能。可以帮助地质学家和采矿工程师更好地了解地下矿藏,方便矿工开采地下矿藏,提高采矿工作的安全性。这些措施可以提高采矿效率,提高矿物资源的开采质量,对于矿业行业的发展具有重要意义。地质学家和采矿工程师可以通过在井的周围进行地质勘探,获取更多的矿物信息,评估地下矿藏的质量和种类。采矿井的建造可以帮助矿工更方便地开采地下矿藏。通过井口可以将矿石和矿物运到地面,减少采矿过程中的运输成本和工作量。同时,在井的底部可以搭建起采矿设备,更好地进行采矿工作。采矿井的建造还可以提高采矿工作的安全性。由于采矿场所在地下,需要进行排水和通风,井的建造可以帮助实现这些任务,减少矿工面临的安全风险。

井的测量功能。通过使用测量仪器和技术,可以测量井的深度、直径、水位、水质等信息。这些信息对于了解井的情况,进行维护、修缮、采矿等工作都非常重要。测量井深度是了解井的基本信息的重要方式。井深度的测量通常使用深度计或者声呐测量仪器,可以获得井的精确深度信息。深度信息对于了解井的地质情况、开采矿物等都非常重要。井直径的测量可以使用直径测量仪或者直径计等仪器。井直径的测量可以帮助矿工或者工程师更好地了解井的尺寸信息,从而更好地进行维护或者修缮工作。测量井水位是判断井水量和井水质量的重要手段。水位计或者水压力传感器等仪器可以帮助矿工或者工程师测量井水位的高度,了解井水量的变化情况,以及井底水的质量。测量井水质量是了解井水质量的重要途径。这可以通过在井中采样并进行化验,或者使用多参数水质监测仪器等方式实现。井水质量的测量可以帮助判断井水是否适合饮用或者其他用途。

井的考古功能。通过对古代井遗址的发掘、测量、分析和解释等过程,可以了解古代井的建造和使用情况,从而推断古代社会的发展和演变。考古学家通过这些研究,可以对古代文明和文化的研究提供重要参考。考古学家通过对古代井的发掘,可以了解井的建造年代、使用目的、制作工艺等信息。在发掘过程中,考古学家会使用工具和设备,将地下的井体逐层剖面进行开挖,同时保留地层信息,收集遗存。考古学家使用测量仪器和技术,对古代井遗址的深度、直径、壁厚、坑道、水平面等进行测量,以确定井的规模和构造,然后对发掘和测量的资料进行综合分析,从而推断古代井的使用目的、生产方式、社会文化环境等信息,进而了解古代社会的发展和演变,再通过对相关史料和文献的研究,结合当时的地理、气候、经济等因素,对古代井遗址进行深度解释,进一步认识古代社会的文化、技术、经济等方面。

井的研究功能。通过对井及其相关领域进行科学研究,可以深入了解井的物理、化学、地质、地球物理、环境、水文等方面的特性和规律,进而探索井的开发和利用等方面的问题,为实践提供重要的理论依据和科技支持。物理学家通过对井内空气、水位、温度、湿度、压力等方面进行测量和分析,探讨井的物理特性和原理,研究井的建造和使用等方面的问题。化学家通过对井水及其溶解物、沉淀物、微生物等方面进行分析和实验,研究井水的化学特性和变化规律、井水的利用和污染等方面的问题。地质学家通过对井的地层构造、岩石类型、地下水系统、矿产资源等方面进行研究和分析,探讨井的地质背景和形成过程,研究井的开发和利用等方面的问题。地球物理学家通过对井的重力场、地磁场、地震波传播等方面进行测量和分析,研究井的地球物理特性和变化规律,研究井的勘探和开采等方面的问题。环境学家通过对井周边生态系统、水环境、空气质量等方面进行研究和监测,研究井的环境影响和环保措施等方面的问题。水文学家通过对井水的来源、补给、排泄等方面进行研究和模拟,研究井水的循环和变化规律,研究井水的利用和管理等方面的问题。

井的景观功能。不仅可以为城市增添历史和文化的内涵,提升城市的形象和特色,同时也可以改善城市的环境氛围、微气候和生态环境,为人们提供更加宜居的城市环境。井是一种特殊的建筑形式,具有浓郁的文化和历史内涵,同时也是人类文明发展的重要标志之一。在城市规划和景观设计中,井可以作为一种独特的景观元素,为城市增添历史和文化的内涵,提升城市的形象和特色。井在城市中常常被置于公园、广场、花园等环境中,通过其清澈的水面、独特的建筑形式等元素,营造出清新、宜人的环境氛围。井的水面可以吸收和释放大量的热量,产生湿气,具有良好的调温和增湿作用,可以改善城市的微气候,减缓城市热岛效应,提高城市的舒适度。井的建造和维护需要大量的水资源,同时井水也可以作为一种重要的水资源供给方式。在城市规划和景观设计中,井可以作为一种生态保护和绿化手段,通过建造井和井水的利用,增加城市的绿化覆盖率,改善城市的生态环境,促进城市的可持续发展。

一般来说,井并不是用于垃圾处理的设施,因为垃圾可能会对井的水质产生污染,而且井的设计和结构不适合作为垃圾处理设施。不过,在一些特殊情况下,井可能会被用于垃圾处理。在某些偏远的地区,由于缺乏垃圾处理设施,人们可能会将生活垃圾堆放在井旁边或井底下。这种做法是不可取的,因为垃圾会产生异味、产生有害气体和污染地下水等问题,对井和周边环境产生不良影响。在一些小型工业或手工业的生产过程中,会产生含有污染物的废水,如果这些废水直接排放到井里,会对井水的质量造成严重污染,破坏井的水资源。在一些偏远地区或特殊情况下,人们可能会用井作为污水处理设施。这种做法需要专业的设备和技术,而且需要对井进行改造和加固,以确保污水处理的效果和安全性。

2.2　井的类型

井有许多不同的功能,要实现各种功能,就必须建造各种类型的井,因此,井的类型也十分丰富。井的类型主要有饮用水井、灌溉井、油气井、排水井、盐井、地热井、地下水控制井、矿物开采井、调查井、窖藏井、天然气水合物开采井等。每个类型的井都有其特定的目的和使用方法。

饮用水井一般由井壁、井筒、井底和抽水设备等部分组成。井壁一般采用混凝土、砖、石材等材料构建,目的是固定井筒,防止土体坍塌。井筒是井口以下的部分,也是水位上下波动的区域,其主要作用是承受地下水的重量,同时保证井水不受污染。井底则是井的最底部,一般设置一个滤水装置,用于过滤污染物和杂质,保证井水的质量。抽水设备包括水泵和输水管道等,用于将地下水抽出并输送至地面上。饮用水井的主要功能是提供清洁饮用水,满足人们生活、工业和农业等方面的需求。地下水是一种自然资源,比较稳定且水质较好,与其他水源相比,其含有的矿物质和微量元素较多,因此有益于人体健康。此外,地下水还具有一定的稳定性和储存能力,可以作为一种长期的水源供应方式。饮用水井的建设对人类生产生活具有重要意义。首先,它提供了可靠的饮用水源,有利于维护公共卫生和健康。其次,地下水资源较为丰富,开发利用不仅可以减轻对地表水的依赖,还可以避免水源污染和因干旱等导致的水源短缺问题。最后,饮用水井建设还能够促进当地经济的发展,提高农业生产的效率,改善当地居民的生活质量。因此,饮用水井的建设是一项具有重要社会意义的工作。

灌溉井是一种用于提取地下水并用于农业灌溉的人工结构。它主要是由井筒、井口、井壁、井底、水泵、水管等组成。井筒是灌溉井的主要结构,通常采用混凝土或砖石等材料建造,它是井壁和井底的支撑体,同时也是水泵和水管的固定支架。井口是井筒的顶部,通常有一个井盖来防止人或动物掉入井内。井底是井筒的底部,通常深度较浅,用于储存地下水和滤除杂质,同时也有助于保护水泵和水管不受沉积物和泥沙的侵蚀。灌溉井的主要功能是提供可靠的灌溉水源。地下水资源可以在干旱或缺水时提供必要的水源,以满足农作物的生长需求。另外,灌溉井可以提供农业生产所需的水量和水压,以确保灌溉效果良好。

除了农业灌溉,灌溉井还可以用于家庭用水、畜牧业和渔业等领域。灌溉井在农业生产中有着重要的意义。它可以减少对地表水的依赖,避免水资源的浪费和过度开采,同时也可以提高农作物的产量和质量。此外,灌溉井还可以促进农村经济的发展,提高农民的生产效益和收入水平。

油气井是为了开采地下石油和天然气等化石燃料而建造的井。它通常由井口、井眼、油管、隔水层、支撑框架组成。井口是油气井的最上方,是井中管道和设备的接口。在井口上方通常有一个支架或者钢丝绳,用于吊起钻机或其他设备;井眼是井壁内的钻孔,从地面一直延伸到地下的油气储藏层。井眼是油气井的关键组成部分,通过井眼可以进行钻探和采油作业;油管是用于加固井眼和保护井眼免受地下流体和岩层崩塌等影响的钢制管道。油管由多个套管组成,通常越往下,管径越小,墙厚越大;隔水层是在油管与井眼之间灌注水泥浆,形成密封层,用于隔绝地下水和油气井的联系,保证油气的纯净度;支撑框架是油气井从地下储藏层采取油气时使用的管道,支撑框架和油管之间有水泥层,以防止井中地下水的侵入。油气井的主要功能是从地下储藏层中提取石油和天然气等化石燃料,并将其输送到地面,用于人们的生产和生活。油气井的意义在于,石油和天然气是现代社会不可或缺的能源资源,而油气井是石油和天然气工业开采的主要工具。通过建造油气井,可以有效地提高石油和天然气的采集效率,满足社会的能源需求。同时,油气井的建设和运营也能够创造就业机会和促进经济发展。

排水井是一种用于排放雨水、废水和污水的地下结构。它通常由混凝土、砖块或钢筋混凝土等材料制成,其结构根据不同的用途和需求而有所差异。排水井通常由井筒和井盖两部分组成。井筒是一个空心的圆柱形结构,其直径和深度可以根据需要而定。井筒上部通常会设有进水口,用于将雨水、废水和污水引入井内。井盖则是一个平板状的覆盖物,通常由铸铁、钢板等材料制成,用于盖住井筒的开口,以防止人或物体掉进井内。排水井的主要功能是收集和排放雨水、废水和污水。雨水可以通过排水系统排放到排水井中,以避免在下雨时出现洪水和积水现象。废水和污水则可以通过下水道或管道系统排放到排水井中,然后再通过污水处理厂等设施进行处理,以保护环境和健康。排水井还可以用于控制地下水位,以防止建筑物、道路和其他基础设施被淹没或受到水的侵蚀。

排水井对于城市的正常运行和环境保护具有重要的意义。它可以帮助控制雨水和废水的排放,避免城市内水体受到污染和水灾的发生。排水井还可以减少建筑物和道路的损坏,延长它们的使用寿命,提高城市的整体品质和可持续性。此外,排水井还可以减少污水处理厂的处理负担和能耗,节约资源和减少环境污染。

盐井是开采盐矿的一种设施,一般由井口、井筒、架子、吊笼和提升设备等组成。井口是盐井最上方的开口,通常有一个架子固定在上面,用于维护和运输井筒内的设备。井筒是盐井的主体结构,通常由混凝土、砖石等材料建造而成。吊笼是用来运送矿工和盐矿的设备,类似于电梯。提升设备包括电机和滑轮等,用于控制吊笼的运动。盐井的主要功能是开采盐矿。盐是一种重要的食品调味品和工业原料,广泛应用于食品、化工、医药等行业。盐井的开采可以满足社会对盐的需求,提供了稳定的盐矿供应。盐井的建设和开采也能够促进当地经济的发展,提供就业机会,为当地居民提供丰厚的收入来源。盐井的建设和开采对人类社会的发展具有重要意义。盐是一种人类必需的食品调味品,对人体健康具有重要作用。盐井的开采可以满足人们对盐的需求,保障食品安全和卫生。同时,盐井的开采也对当地经济和社会发展具有重要影响,促进了当地工业和农业的发展,为当地居民提供了就业机会和稳定的收入来源。此外,盐井的开采也需要注意环境保护和资源可持续性,注重开采的科学性和可持续性,以实现经济、社会和环境的可持续发展。

地热井是一种利用地热能源的地下结构。它通常由钢管或塑料管等材料制成,其结构根据不同的用途和需求而有所差异。地热井由井筒、井管、回路管、填充材料和井盖等部分组成。井筒是一个空心的圆柱形结构,其直径和深度可以根据需要而定。井管则是一个内部直径较小的钢管或塑料管,用于安装回路管和填充材料。回路管是一种管道,其内部循环流动的水或其他液体可以吸收地下的热能。填充材料则是一种热传导性能良好的物质,用于填充井管和井筒之间的空隙。井盖则是一个平板状的覆盖物,通常由钢板或混凝土等材料制成,用于盖住井口,以保护井内设备和人员安全。地热井的主要功能是利用地下热能,以供暖、供冷、制热水等用途。

地热井通过井管和回路管的设计,可以将地下的热能转移至地表,进而供给建筑物的采暖、制热、制冷等设备使用。地热井还可以通过控制流动的水或其他液体的温度和流速,来实现供暖、供冷、制热水等不同的功能。地热井对于节能减排、环境保护和可持续发展具有重要的意义。地热井利用地下的热能,可以实现建筑物的采暖、制热、制冷等功能,减少对传统能源的依赖,从而减少温室气体排放和空气污染。同时，地热井也可以减少城市噪音和电磁辐射等环境污染，提高居民的生活质量。此外，地热井还可以减少能源的消耗，降低能源开支，提高城市的经济效益和可持续性。

地下水控制井是一种用于控制地下水位和排水的工程结构，通常由井筒、井盖、泵设备和管道系统组成。井筒是地下水控制井的主体部分，通常采用混凝土或钢筋混凝土制成，井筒的高度和直径根据实际需要和设计要求而定。井筒内部安装有管道和泵设备，用于控制地下水位和排水。井盖是地下水控制井的顶部覆盖物，通常采用钢板或混凝土制成。井盖的主要作用是防止井筒内的泵设备和管道被外部物体损坏，并且可以方便地进行检修和维护。泵设备是地下水控制井中最关键的部分，其主要作用是将井筒内的地下水抽出，以达到控制地下水位的目的。泵设备通常包括水泵、电机、控制系统等部分，可以自动控制泵的启停和调节水位。管道系统是地下水控制井中连接井筒和外部环境的部分，其主要作用是将井筒内的地下水排出。管道系统通常包括进水管、出水管和排水管等部分，可以根据需要进行调节和控制。地下水控制井可以有效地控制地下水位，防止地下水位过高或过低引起地质灾害和土壤沉降等问题。在某些土木工程中，如地铁、隧道、桥梁等建设过程中，地下水控制井可以起到控制地下水位和降低地下水压力的作用，提供施工条件。在城市排水系统中，地下水控制井可以作为排水系统的一部分，对于城市内的积水和污水进行处理和排放，确保城市排水系统的正常运行。地下水控制井的建设对于城市建设和防灾减灾具有重要意义。在城市建设中，地下水控制井可以用于调节地下水位，防止地质灾害的发生。同时，在抗洪抢险等灾害救援中，地下水控制井也可以发挥重要作用。因此，地下水控制井的建设和管理非常重要，需要科学规划和合理运营。

矿物开采井是一种用于采矿的工程结构，通常由井筒、井口、升降设备和排矸设备等组成。井筒是矿物开采井的主体部分，通常采用混凝土或钢筋混凝土制成，井筒的高度和直径根据实际需要和设计要求而定。井筒内部安装有升降设备和排矸设备，用于进行矿物的采集和运输。井口是矿物开采井的顶部开口，用于矿物的进出。井口通常设置有保护装置，以确保工人和设备的安全。在开采井中，井口还用于通风和排放废气等。升降设备是矿物开采井中最关键的部分，其主要作用是将工人和矿物运输到井口。升降设备通常包括升降机、斗式提升机和皮带输送机等部分，可以自动控制和调节运输速度。排矸设备是矿物开采井中的辅助设备，其主要作用是将矿物和废石分开。排矸设备通常包括筛选机、磁选机和重介选矿机等部分,可以根据需要进行调节和控制。矿物开采井是现代矿业生产的重要工具,可以进行矿物的采集和运输,提高矿业生产效率和质量。通过开采井的建设和运营,可以对矿产资源进行有效的开发和利用,满足社会对矿产资源的需求。矿物开采井的建设和运营,可以促进当地经济的发展,提供就业机会和增加财政收入。矿物开采井的安全运行,可以确保工人和设备的安全,避免矿难等安全事故的发生,保障人民生命财产安全。

调查井(也称钻孔或井孔)是一种垂直或斜向钻探的结构,用于获取地下土壤或岩石的样本或测量地下水位。调查井通常是钻孔机或人工挖掘、机器挖掘或钻孔而成,其形状可以是圆形、方形或六边形。调查井的深度可以根据需要定制,一般可以达到数十米或数百米。调查井的主要功能是为地质勘探和地下水资源评估提供重要的信息。通过调查井,地质工程师和地质学家可以获取有关地下岩石和土壤的详细信息,以确定地下地层的结构、厚度、性质和物理特征。此外,调查井还可以用于测量地下水位、水质、水温和水流速度,以评估地下水资源的状况和可行性。调查井在工程和环境领域也具有重要的意义。例如,调查井可以用于检测地下水污染物的存在和分布情况,以及确定地下水流动的方向和速度。这些信息可以帮助工程师和环境科学家制定更有效的地下水治理和污染防控措施。总之,调查井是一种非常重要的地质勘探和地下水资源评估工具,为我们更好地了解地下环境和进行环境保护提供了重要的技术支持。

窖藏井是一种传统的中国建筑结构,主要用于保存食物和保持环境温度稳定。它通常是一个埋在地下的圆形深井,顶部有一个窟窿,可以与地面相连接。其主要由三部分组成:井壁、井底和井盖。井壁是由砖石或夯土筑成,呈圆形或椭圆形,它的内部光滑无缝,可以防止潮气侵入。井底是用粘土或混凝土铺成的,一般较为平坦,可以方便储存物品。井盖是窖藏井的顶部,可以用木板或石板制成,覆盖在井口上,起到保护井内物品和调节温度的作用。窖藏井的主要功能是保存食物,特别是谷物、豆类、茶叶、盐等易腐物品。这是因为窖藏井埋在地下,可以避免阳光直射和空气流通,使储存的食品保持干燥、防潮、防虫、防霉等,从而延长食品的保质期。同时,窖藏井也可以保持储物室内的温度稳定,因为地下的温度比地面更加稳定,不会受到外界环境的影响。窖藏井在中国传统文化中有着重要的意义,它代表了古代人民智慧和劳动精神的结晶,同时也反映了古代人民对生活方式和环境的深刻认识和思考。现在,虽然窖藏井的使用已经不如古代那样广泛,但是它作为一种传统文化遗产,仍然具有重要的历史、文化和艺术价值,对于研究和了解中国传统建筑文化有着重要的意义。

　　天然气水合物开采井是为开采天然气水合物而设计的井。天然气水合物是一种天然气在极寒和高压条件下形成的固态结晶,其分布在海洋沉积物和北极地区的冻土层中,是一种丰富的天然气资源。天然气水合物的开采对于解决能源问题具有重要意义。天然气水合物开采井的结构一般分为三部分:井身、井口和井下设备。井身是井的主体部分,一般由钻孔机器沿着地质剖面钻孔而成。井口是指井口的周边区域,通常包括钻井平台、卸载设备、水处理设备和天然气处理设备等。井下设备包括抽油机、抽水泵、水力压裂设备等。天然气水合物开采井的主要功能是通过抽取水合物和水混合物,将其升至地面进行处理和利用。在开采过程中,需要使用高压水进行压裂,以释放水合物和天然气。此外,还需要进行水合物的储存、输送和处理,包括去除其中的杂质、调节温度和压力等。天然气水合物开采的意义主要在于它是一种丰富的天然气资源,可以替代传统石油和天然气,从而减少对化石能源的依赖。此外,天然气水合物开采还具有环保优势,因为其燃烧产生的温室气体排放量比煤和石油低。天然气水合物的开采还可以促进区域经济发展和能源安全,因为它可以提供大量就业机会和稳定的能源供应。

第三章 先秦时期的井

广义先秦指秦朝建立前的所有历史时期。先秦经历了夏、商、西周以及春秋、战国等历史阶段。狭义的先秦史研究的范围,包含了中国从进入文明时代直到秦王朝建立这段时间,主要指夏、商、西周、春秋、战国这几个时期的历史。本章主要介绍先秦时期的典型古井。

甘谷县古风台古井

地点:甘肃省甘谷县西南白家湾乡朱圉山脉之中

年代:古风台及其周边地区与伏羲文化紧密相关,据《汉书·地理志》颜师古注,朱圉山被视为伏羲的出生地,具有深厚的历史文化意义。

背景:古风台是伏羲时代古建筑"台"的遗存之地之一,尽管历经千年风雨,旧有建筑已不复存在,但其名称和相关的文化意义得以世代相传。古风台不仅是一个地理坐标,更是伏羲文化传承与发展的重要象征。其周边分布着多处与伏羲文化相关的遗迹,如伏羲洞(现已因山体滑坡封闭,但曾是探寻伏羲文化的重要场所)、天然巨石(形态奇特,被当地民众视为伏羲手臂的象征,寓意着伏羲创造文明、引领人类进步的力量)和孤石(孤石矗立于山巅,形态宛如一支巨大的画笔,被视为画卦笔的象征,象征着伏羲创造八卦、揭示宇宙规律的智慧)。

此外,古风台地区还保存着丰富的非物质文化遗产。当地居民至今仍保持着编织八卦形鸡罩的习俗,这一传统手工艺不仅具有实用价值,更是对伏羲文化和八卦智慧的追念与传承。编织八卦形鸡罩的诀窍在当地代代相传,通过口传心授的方式,确保了这一传统文化的连续性和完整性。这一习俗不仅体现了对传统文化的尊重和传承,也展示了古风台地区民众对伏羲文化的深厚情感和独特理解。

图 3.1　古风台

随州市东周古井

地点：湖北省随州市随岳高速公路北段均川镇王家台遗址

年代：东周时期

背景：2006 年 11 月 3 日，随州市博物馆考古队在随岳高速公路北段均川镇王家台遗址，发掘出一口罕见的东周古井。该古井深约 10 米，水位高出邻近的涢水河床约 6 米，用 2 台抽水机抽水也抽不干，水质清澈，可供人饮用。

王家台遗址作为一处历史悠久的大型聚落遗址，其历史可追溯至东周时期，并一直延续至汉代，直至明清时期才逐渐转变为墓地，当地俗称"百墓台"。该遗址在 20 世纪 70 年代进行农田改造时首次被发现，其地表呈现出东西向的缓坡地貌。而此次发掘的古井，挖掘于缓坡的东部，井壁采用陶井圈进行支护。陶井圈为夹沙灰陶，直径 90~92 厘米，高 32 厘米，厚 2.5~3 厘米，外饰竖行绳纹，内饰斜方格纹。该井共用井圈 16 节，使古井整体呈竹节状。

该井的施工设计也颇具匠心：挖井的土堆放于井口周围，压实后成为井台。井边的 2 个柱洞显示，当时应架设有井架，便于打水。井的东边有一条排污水沟，可以将洗涤污水引向远处低洼地带。根据地层关系和文化堆积，王家台古井始建于战国时期，毁填于汉代。此类古井在随州考古发掘中还是第一次发现，为研究古代文明历史提供了宝贵的实物资料。

纪南城陶圈井

地点：湖北省荆州市荆州区纪南镇南楚纪南故城遗址

年代：战国时期

背景：2012 年 8 月 12 日，考古人员在纪南城古遗址发现了一口罕见的楠木古井。这口井不仅在全国范围内首次以楠木作为井圈材料，而且其制作工艺之精湛，令人叹为观止。井圈全长 2.8 米，直径在 80～90 厘米，采用一根巨大的楠木挖空树心后精心雕琢而成，整体呈椭圆形，在楠木井圈的下方，还巧妙地隐藏着一个"竹井圈"，这一发现进一步丰富了我们对古代井泉构造的认知。

早在 20 世纪 70 年代，考古人员就曾在纪南城遗址内发现过三口用大树雕凿而成的井圈，这三口井是由两个半圆形的井圈套合成而成，竖于挖好的井中。这类木井圈，内空直径 80 厘米，残存高度 1.8 米。不仅如此，考古人员还在纪南城内发现了大量的陶圈井。当时，制造陶井圈及水井的建造技术，都十分复杂。陶井圈的形状，如同今天的圆筒形的水泥地下管道，每一节的直径和高度都在 80 厘米左右，圈壁厚 1.5～3 厘米，上有两个七八公分的小圆孔，一是便于在井圈装砌时提系，二是有利于地下水的渗入。

纪南城里发现的陶圈井代表了春秋战国时期水井技术的最高水平，同时也是当时最为流行的水井形式之一。而荆州地区的发现数量之多，更是令人瞩目。在纪南城楚王的宫殿群周围，有超过千口的古井。1975 年至 1976 年，考古人员在松柏村、纪城村、新桥村和徐岗村一带的考古发掘中，就出土了战国古井 256 口。而自 2011 年以来，为了配合南水北调引江济汉工程人工运河的施工，考古人员又在荆州古城与纪南故城之间陆续发掘出了近 300 口战国古井。据初步勘测，预计在纪南城外从西到城东庙湖约 5 千米长的区域内，还隐藏着 700 多口古井。

这些在纪南城考古发现的不同种类的千余口古井，不仅为我们揭示了当时本地文明发展的辉煌成就,还生动地展示了人口密集的城市对水资源的巨大需求。这些古井不仅见证了古代社会的繁荣与发展,也为我们今天研究古代水利文化和水资源管理提供了宝贵的实物资料。

图 3.2　纪南城城墙遗址

湘乡市三眼井

地点:湖南省湘乡市中医医院新住院大楼地下停车场内

年代:战国时期

背景:三眼井遗址的 1 号古井出土了筒瓦、板瓦、陶器、竹木质物品及简牍,其中极为重要的是一批简牍。这是我国目前出土年代最早的地方官书的官方文书,内容为官方司法判案、税收、徭役、诏书宣贯等,并展示了一种特别的纪年方式——大事件纪年。经湖南省文物考古研究所专家鉴定,简牍上文字形态为典型的战国楚文字,简牍内容多为政府档案资料,这表明战国晚期三眼井一带应为楚国湘邑官署所在地。据有关负责人介绍,湘乡设县始自楚国晚期,约公元前

250年,比《汉书·王子侯表》中记载的汉哀帝建平四年(前3年),将湘乡设县(侯、邑)的时间提早250年左右。其中一口古井残深1.73米,井内填充筒瓦、板瓦、陶器残片、竹木质物品等。陶器具有明确的战国晚期楚国文化特点,竹简长度23厘米,是战国晚期楚国量制的1尺,文字形态则是典型的战国楚文字。陶器和简牍均表明这口井是战国时期楚国的遗留。这批竹简有700多枚。专家认为,综合各地考古发现与研究,此次出土的简牍、古井必定在当时的衙署之中。因此,三眼井遗址应为楚国晚期湘乡城邑所在,是湘乡区域政治中心。

五一广场战国水井群

地点:湖南省长沙市五一大道864号五一广场

年代:战国时期

背景:1987年底至1988年初,长沙建设五一广场地下通道和商场时,清理了一批古代水井,计有16口,其中就有战国时期的4口,战国水井中出土了绳纹圜底陶罐和鬲、钵等日用陶器残片,还有一把铜削。1994年挖掘近邻的省供销社工地以及1996年发掘平和堂大厦工地,共发掘了战国时期的古井数十口。在其附近的中山商业大厦工地,也有战国水井发现,并发现一处陶器作坊遗址。

五一广场所在,自古以来就是长沙城的中心区域。春秋战国时期,楚国在南方崛起,以今五一广场为中心建造城邑,并初具规模。战国时期(前475—前221),长沙始建城邑,并为楚南重镇。据考古发掘出土资料判断,战国时期长沙城的位置和范围是:东在黄兴路和蔡锷路之间,南到坡子街一带,西临下河街,北在五一路与中山路之间,这一范围东西长700余米,南北宽约600米。湖南省文史馆馆员、长沙地方史学家陈先枢表示,越靠近广场中心,战国和汉代的井就越多,为古长沙城址的变迁和社会经济的发展提供了可靠的证据。

湘西里耶古井

地点:湖南省湘西自治州龙山县里耶镇里耶古城

年代:始建于春秋战国时期的楚国

背景:湘西里耶古井,坐落于湖南省湘西土家族苗族自治州里耶古城遗址内,其历史可追溯至春秋战国时期的楚国。里耶古城遗址内发掘有三口古井,按发现顺序分别命名为"一号井""二号井"及"三号井"。其中,"一号井"与"三号井"呈现出规整的方口形态,而"二号井"则采用了传统的圆口设计。尤为引人注目的是"一号井",它不仅深度惊人,达到了 17.28 米,相当于现代五层建筑的高度,而且其结构之精妙、保存之完好,在中国考古史上实属罕见。

里耶古城遗址内发掘的三口古井,"一号井"和"三号井"是方口井,"二号井"是圆口井。从"一号井"出土了 3.8 万枚秦简(也有少部分楚简),从"二号井"出土了一些陶器和生活用品,"三号井"还未完全发掘,井内还藏有多少大秦王朝的秘密,仍不可得知。

"一号井"的井壁采用了复杂的榫卯结构,由 42 层长方形木板精心嵌砌而成,每块木板尺寸统一,长 2 米,宽 30 厘米,厚 15 厘米,这种设计不仅增强了井壁的稳定性,还展现了战国时期高超的木构技艺。据考古专家分析,该井在修建时,首先挖掘出一个圆形井坑,随后自下而上安装方形木井圈,并在井圈与坑壁间填充青膏泥,以增强密封性和耐久性。这一发现,标志着我国战国秦汉时期古井建造技术的巅峰,其规模之大、结构之完整、制作之精细,均为国内同类遗址之首。

自 2002 年 6 月 3 日从"一号井"中首次发现简牍以来,共出土了 3.8 万余枚秦简(含少量楚简),文字总量超过 30 万字,这一数量是 20 世纪我国秦简出土总量的十倍之多。这些简牍内容广泛,涵盖了当时社会的政治、军事、经济、文化、民族关系、天文历法、地理地貌等多个领域,构成了一部关于大秦王朝的百科全书。尤为珍贵的是,简牍的时间跨度从秦王政二十五年(前 222 年)至秦二世二年(前 208 年),逐年连续,记事精确到日,为后世提供了研究秦代历史的第一手原始公文档案。

"一号井"因此被誉为"天然的大秦王朝档案馆",甚至有学者将其与古代传说中的"秦人洞藏书"相联系,为其增添了几分神秘色彩。作为世界上现存年代最久远且保存完好的方井之一,"一号井"及其出土的秦简,不仅揭示了大秦王朝一段鲜为人知的历史细节,更在学术界引发了关于秦代政治、社会、文化等方面的深入研究与热烈讨论。因此,它也被众多专家学者尊称为"中华第一井",成为中国乃至世界考古学界的一颗璀璨明珠。

济南市舜井

地点：济南市历下区舜井街中段西侧

年代：金代《名泉碑》、明代《七十二泉诗》、清代《七十二泉记》等历史文献均有收录，尽管相传该井为舜帝所掘，但具体开凿年代已难以考证。

背景：舜井作为济南市的一处重要历史遗迹，其历史可追溯至古代文献记载。北魏时期的地理学家郦道元在《水经注》中提及，"泺水"之源附近，有舜妃娥英庙，城南对着的山上有舜祠，而山下则有一大穴，被称为"舜井"。这一记载为舜井的存在提供了早期的历史证据。在历史上，舜井曾经历淤塞，但于1985年得到了修复，同时建设了舜园以纪念舜帝。然而，随着街区改建的进行，舜园被拆除，目前仅保留下了舜井的圆形井池和一座石碑。尽管如此，舜井依然承载着重要的历史与文化价值，成了济南市不可或缺的一部分。

2021年10月，舜井成功入选"济南市第一批传统地名保护名录"，这进一步体现了其作为济南市历史文化遗产的重要性。如今，舜井不仅是当地居民和游客了解济南市历史文化的窗口，也是济南市传统地名保护工作的一个亮点。

图3.3　舜井遗址图

图 3.4　舜井周围纹饰细节图

图 3.5　舜井周围石栏的宋代题诗

图 3.6　舜井周围石栏的唐代题诗

常州前桥村古井群

地点：江苏省常州市新北区三井街道前桥村东北部

年代：商周古井 12 口，均为圆形土井，年代集中于春秋晚期至战国初期。唐代古井发现 3 口，年代应为唐代中晚期，其中 2 口有砖砌井圈，1 口为土井。

背景：商周时期的 12 口古井，不仅数量众多，而且井内出土的器物种类丰富，主要包括陶器、原始瓷器和石器。陶器作为出土数量最多的器物，按质地可分为夹砂和泥质，其中泥质陶占据主导地位，夹砂陶次之，硬陶器数量相对较少。器形多样，有罐、壶、钵、釜、鼎、纺轮等，其中双系罐和双系壶占据了多数。原始瓷器则以盅、碗、钵等器形为主；石器较少，主要有砺石、石刀。

唐代古井则呈现出不同的特点，其中 2 口井使用了砖砌井圈，这种结构相较于土井更加坚固耐用，反映了唐代建筑技术的进步和对水井维护的重视。出土的器物中,瓷器数量最多,器形包括簋、罐和执壶等,这些器物不仅制作精美,而且釉色鲜艳,体现了唐代瓷器制造业的繁荣。此外,木器的发现也丰富了唐代古井出土文物的种类,为研究当时的社会生活提供了宝贵资料。

这批古井相对集中地分布在靠近河岸的高台地上,这样的选址既便于取水,又能有效避免洪水侵袭,符合先民居住选址的科学性。古井数量一定程度上反映了当时人口数量和社会发展情况,为了解古代常州地区的居民生活、经济状况和自然环境提供了重要的实物资料。

河津市河津井

地点:山西省河津市区中心的解放路北段

年代:《山西省志·水利志》中记载了河津井建于春秋战国时期,由当时的君主所建造,是当时河津城的主要供水来源之一。

背景:河津井位于中国山西省河津市内,是当地历史文化遗产之一。在古代,河津是晋国、赵国、魏国等多个诸侯国的重要驿站和通道之一。由于河津地区属于黄河流域,水资源非常稀缺,因此古代人们需要依靠人工挖掘井来供给饮用水。

据传河津井始建于春秋战国时期,也就是公元前 8 世纪至公元前 5 世纪。当时,河津是晋国和赵国的边境地带,经常发生战争和冲突。同时,河津地区还处在黄河涨退影响下,水资源更加稀缺。因此,当地政府为了解决饮水问题,开始修建一些水利工程,其中河津井就是其中之一。

河津井的建造,不仅满足了当地人的基本饮水需求,也反映了当时中原地区城市水利工程的发展状况。此外,河津井的建造也对当时军事活动以及商业贸易等方面产生了重要影响,是研究中国古代城市水利工程和社会经济发展历史的重要参考资料之一。

淹城村关雎井

地点:江苏省常州市武进区淹城村

年代:春秋时期

背景:淹城古井位于常州市武进区淹城村,是我国发现的保存最为完整的西周至春秋早期地面城池遗址,也是中国唯一三城三河相套的城址。淹城遗址由子城、内城和外城及三道护城河组成,东西长 850 米,南北宽 750 米,总面积约 65 万平方米。城垣均堆土筑成,一般高约 3 米,最高处 10 米。在淹城遗址中有一座古井,名为关雎井。水井呈方形,用四根方木构成,四面砌有井栏板,井的上方建有一个小亭,安置有辘轳。淹城遗址三城三河相套的形制,是江南地区新石器时代环壕聚落的进一步发展,与中原的城池形制截然不同,为研究长江下游地区的先秦城市发展史提供了宝贵资料。出土遗物表现出与中原文化的融合,又保留了吴越文化的地域风格和时代特征,是研究江南地区土著文化与中原文化融合发展的重要实物资料。

太原市晋阳井

地点:山西省太原市晋源区晋祠镇晋祠

年代:据《山西拾趣》中一篇名为《晋阳城内的水源:晋阳井》的文章,认为晋阳井是由晋景公在春秋战国时期所挖掘的。

背景:春秋时期,作为中国历史上的一个重要转折点,标志着中原地区从统一的王朝体制逐渐走向分裂割据的局面。在这一时期,晋国凭借其强大的实力,成了中原地区最为显赫的诸侯国之一,而晋阳,作为都城,其地位更是举足轻重。晋阳城的建立可追溯至公元前 11 世纪左右,历经多个朝代的更迭,始终是晋国乃至后来赵国的重要政治、军事、文化和经济中心。

晋阳地处黄河南岸,虽然地理位置优越,但水资源相对匮乏,尤其是可靠的饮用水源更是稀缺。在这样的背景下,晋阳井的挖掘显得尤为重要。它不仅解决了当时晋阳城居民的饮水问题,还成为晋阳城最主要的供水来源之一。晋阳井的挖掘不仅体现了当时社会对水资源的高度重视,也反映了当时水利工程技术的先进水平。

晋阳井的存在还为我们研究中国古代城市水利工程和社会经济发展历史提供了宝贵的实物资料。通过对其年代、构造、功能等方面的深入研究,我们可以更全面地了解当时社会的生产生活方式、技术水平以及城市发展的特点。因此,晋阳井不仅是一处具有历史文化价值的古迹,更是我们探寻古代文明、传承历史文化的重要载体。

阳泉市战国水井

地点：山西省阳泉市洪城北路东侧、距平坦垴战国古城北墙 570 米处

年代：古井的砌筑时代为战国，废弃时代在西汉。

背景：《周易·井卦》云："木上有水井"，盖言之先秦时期的水井，井壁多用木构井盘，放于水井底部，既防井壁坍塌，又可保持井水清洁。这种木构井盘设计不仅体现了古人的智慧，还反映了当时对水资源利用和保护的重视。

春秋战国时期的古井，多为陶圈井，即在井壁内嵌入多层陶制圆圈，用以加固井壁并过滤水质。这种陶圈井的设计巧妙，不仅能够有效防止井壁因土壤侵蚀而坍塌，还能将井壁土层中泄出的泥水全部降至井底，通过自然沉积再次过滤，进一步提高水质。而阳泉发现的这口战国古井，则打破了这一常规设计，其井壁采用了木构支护结构，且造型独特，为九边形。这种九边形的木构支护结构不仅增强了井壁的稳定性，还使得古井在视觉上更加独特和美观。

此外，该古井的木构件中采用了多种榫卯结构，如槽口榫、企口榫、燕尾榫等，这些榫卯结构连接紧密，工艺考究，是现存最完整的早期榫卯结构实物之一。这些榫卯结构的应用不仅体现了战国时期木工技艺的高超水平，还为后世木构建筑的研究提供了宝贵的实物资料。因此，阳泉这口战国古井对于研究战国古井砌筑工艺、早期木构建筑以及古代水资源利用和保护等方面都具有重要的意义。

西安市丰镐遗址西周水井

地点：西安市长安区丰镐遗址内

年代：根据《丰镐遗址》等相关著作和研究论文，以及陕西省考古研究院和其他科研机构发布的考古发掘报告，这座水井建造的年代为公元前 10 世纪左右，也就是西周早期。

背景：丰镐遗址，西周时期这里是一个著名的商业和文化中心，也是古代都城镐京的所在地。丰镐遗址包括丰京和镐京，总面积逾 10 平方千米，是中国历史上第一座规模宏大、布局整齐的城市，是周礼的诞生地。丰京是宗庙和园囿的所在地，镐京为周王居住和理政的中心，合称丰镐。丰镐遗址已经发掘的古墓葬有千余座，其中包括井氏家族等公侯墓葬，但西周王陵至今还未发现。丰镐遗址

有着3000多年的历史。入选了"百年百大考古发现",并于1961年被国务院公布为全国重点文物保护单位。丰镐遗址的发现对中国古代城市、经济、文化等方面的研究提供了重要的资料和见证。

井内出土了大量西周时期的板瓦碎片和涂抹白灰面草筋泥墙皮的土块,考古人员依据它们推断出存在于附近的大型西周宫室建筑,还判断出它们之所以出现在水井中,是因为宫室建筑被毁坏后埋在了古井内。

河姆渡遗址古井

地点:位于浙江省宁波市余姚的河姆渡镇

年代:我国南方早期的新石器时代的遗址,距今已经有约7000年历史。

背景:水井位于一个浅圆形的坑里,井深有1.35米,井口为方形,边长约2米。在井的内部,古人在四壁共栽立了几十根木制的排桩。排桩的上端平放着长圆木,构成了井口的构架。这是目前我国已知的最早的水井遗迹,也是迄今为止发现的采用竖井支护结构的最古老的水井遗存。

经过研究,水井内壁的排桩固定方法尤为特别。考古人员发现为了防止井内壁排桩的倾倒,古人在排桩的内侧,用了一整套榫卯结构,将所有的排桩套接起来,形成一个坚固的整体。在没有发明钢筋混凝土之前,这样的榫卯结构,绝对是当时最结实的结构。在水井的外围,考古人员还在直径约6米的范围内,发现一圈呈圆形分布的栅栏桩,共计28根。同时,在井内还发现有平面略呈辐射状的小长圆木,还有一些苇席的残片。经过专家的复原,人们发现,原来古人还在这口古井上盖了一座井亭。如此一来,水井就能避免受到风沙、雨水等外来污染,水质得到进一步的保障和提升。

图 3.7 河姆渡遗址

第四章　秦汉时期的井

中国历史经过夏、商、西周以及春秋战国漫长的历程,进入秦汉时期。从公元前221年秦始皇实现统一至220年曹丕代汉,是秦王朝和汉王朝统治的历史阶段。秦汉人以黄河流域、长江流域和珠江流域为主要舞台,进行了生动活跃的历史表演,同时推动了中华民族历史文化突出的进步。秦汉时期的文明创造和文明积累,在中国历史上呈示出耀眼的辉煌。当时的文化风貌和民族精神,有鲜明的时代特征。在这个时期,各地也出现了许多著名的古井,这些井不仅是历史遗存的重要见证,更是传承了千年的文化瑰宝。本章介绍了秦汉时期的典型古井。

鸡鸣寺白鹤井

地点:重庆市城口县鸡鸣乡鸡鸣寺内

年代:始建于东汉年间

背景:重庆鸡鸣寺是一座历史悠久的佛教寺庙,历经沧桑,见证了多个朝代的兴衰更迭。现存古井名为白鹤井,位于寺院后院,井水至今不枯不断,为寺院僧侣和周边居民提供了源源不断的甘泉。据史料记载,该寺庙后山的茶叶品质优良,用白鹤井水泡之,茶叶清香扑鼻,令人陶醉。

清代《城口厅志》中详细记载了鸡鸣寺后山的茶园情况。茶园位于鸡鸣寺后,茶树种植历史可追溯至明代,历经数百年的精心培育,形成了独特的茶树生长环境。所产茶叶细嫩且采摘时间较早,一般在清明前后采摘,以保证茶叶的鲜嫩度和口感。茶叶味道清香,优于一般茶叶,具有独特的山野韵味和持久的香气。

图 4.1　鸡鸣寺白鹤井

此外,鸡鸣寺白鹤井与茶园之间的渊源还体现在乾隆皇帝的赞誉上。乾隆皇帝在品尝了用白鹤井水泡制的鸡鸣茶后,大为赞赏,并挥笔写下"白鹤井中水,鸡鸣院内茶"的诗句,形容其品质卓越,堪为贡品。自此之后,鸡鸣茶岁岁精制进

图 4.2　重庆鸡鸣寺

贡,成为皇家御用的珍贵茶叶。值得一提的是,鸡鸣寺白鹤井与茶园的生态环境相得益彰。寺院周围山清水秀,空气清新,为茶树的生长提供了得天独厚的自然条件。而白鹤井水的清澈甘甜,更是为茶叶增添了独特的韵味。这种独特的生态环境和人文历史背景,使得鸡鸣寺白鹤井和茶园成了当地的一大景点,吸引了无数游客前来探访和品尝。

曹章村陶井

地点:北京市房山区韩村河镇曹章村赵淑云家老宅院中

年代:东汉时期

背景:曹章村陶井位于北京市房山区韩村河镇曹章村,是一处具有悠久历史的文物古迹。该地区自古以来就是人类活动的重要区域,从70万年前的"北京人"到秦汉时期的行政变迁,曹章村所在的地理位置始终承载着丰富的历史文化信息。

曹章村陶井始建于东汉时期,是当地经济繁荣和人口增长的见证。该井于1984年被发现,其井壁由灰、红陶加砂构成,用灰红两种陶圈摞叠而成,展现了古代制陶工艺的精湛水平。井深达10.3米,水深2.4米,陶井圈直径0.6米,高0.27米,这些精确的尺寸反映了古代工匠在水利工程方面的智慧与技艺。

曹章村陶井不仅具有历史价值,还具有一定的实用价值。尽管历经两千年的风雨沧桑,该井的水质依然甘甜可口,至今仍可供村民饮用和浇灌园田。这一特点使得曹章村陶井成了当地村民生活的重要组成部分,也体现了古代水利工程对于现代生活的深远影响。

此外,曹章村陶井还是房山区文物保护单位之一,其独特的制陶工艺和深厚的历史文化底蕴吸引了众多学者和游客前来探访。通过对该井的研究和保护,我们可以更好地了解古代人类的生活方式和水利工程的发展历程,为传承和弘扬中华优秀传统文化贡献力量。

杨孚井

地点:广东省广州市新港路下渡村东

年代:秦汉时期

背景：杨孚井曾经是东汉议郎杨孚的居住地，水井为杨孚当年所凿，为邻近居民日常饮水之源，原来井水清冽，常满不竭。近代随地面升高，村里人用青砖、花岗石砌井身上部；以水磨石米修筑井栏井台，对井悉心爱护。井周还保留有杨孚当年的生活痕迹，如周边的古树、古石径等，这些都成了研究当时生活习俗与自然环境的重要实物资料。此外，据史书记载，杨孚本人不仅是一位官员，还是一位知名的文学家与书法家，其作品在当时颇受赞誉，这也为杨孚井增添了浓厚的文化底蕴。2002年7月杨孚井被公布为广州市文物保护单位。2013年，杨孚井经过修缮，悠久的历史重现风采。以古朴的风格，还原昔日整齐的阶石地板，井口附近环境得到改善并加装了防护措施。古建筑的青砖，巷口的牌坊，让人们感受到深厚的历史文化底蕴。

河北白鹿泉井

地点：河北省石家庄市鹿泉区白鹿泉村村南长寿山脚下
年代：汉代
背景：白鹿泉井，位于河北省石家庄市鹿泉区白鹿泉村村南长寿山脚下，是一眼具有悠久历史的石砌泉井。其"水涌如珠倾"的壮丽景象，使其成为当地八大景之一，吸引了无数文人墨客前来观赏和吟咏。

据史载，白鹿泉井的得名与汉将韩信有关。韩信在破赵时途经石邑（今石家庄鹿泉区）莲花山，寻水时射杀白鹿而得清泉，因此得名白鹿泉。这一历史事件不仅为白鹿泉增添了深厚的历史文化底蕴，也使其成了一个具有象征意义的地点。后人曾在此建淮阴侯韩信祠以祭祀韩信，表达了对这位历史英雄的敬仰和怀念。光绪版本的《获鹿县志》中，有文人张奇峰的诗作描述白鹿泉："射鹿雄风在此，石边流水悠然，沧桑世界几变，留得汉家一泉。"这首诗不仅描绘了白鹿泉的壮丽景色，还强调了其作为汉代古泉的历史地位。此外，县志还记载了泉边有一座白鹿泉亭，是文人墨客饮酒赋诗的胜地。明朝获鹿县令韩国瓒也曾作诗"鹿泉飞珠"，赞美白鹿泉的泉水如珠如玉，清澈晶莹。

从地质学角度来看，白鹿泉井属于发育在石灰岩地区的溶洞泉。其积水面积较大，泉水冬夏不竭，四季长流，水质甘醇清凉，清澈晶莹，实为瑰宝。在封建王朝时期，历代县令都雇佣驮夫从白鹿泉运水使用，足见其对当地人民生活和农业生产的重要性。

白鹿泉井不仅具有自然景观的壮丽和地质学的独特价值,还承载着丰富的历史文化内涵。它是汉代历史的见证者,也是文人墨客抒发情感的场所。如今,白鹿泉井已成了一个重要的历史文化遗产和旅游景点,吸引着越来越多的游客前来探访和感受其独特的魅力。

越王井(九眼井、粤王井)

地点:广东省广州市广东省科学馆内

年代:可追溯至南越国时期,具有 2000 多年历史。

背景:越王井是广州历史上具有重要意义的井泉之一,其开凿历史可追溯至南越国时期,由南越王赵佗组织挖掘,以解决当时王宫的水源问题。该井最初为方池状,直径 2.1 米,井身由石头砌成,显示出古代水利工程的高超技艺。

越王井的水质优良,历史上一直备受赞誉。明武宗正德年间,学士黄谏在《广州水记》中将广州城内的泉、井、涧的水质分为十等,并将越王井的水质列为最佳。清代文献也多有提及越王井的水质甘甜、清澈,具有美容功效。在历朝历代,越王井都因其优良的水质和重要的地理位置而受到重视。南汉时期,南汉王刘䶮曾独占使用此井,并将其称为"玉龙泉",禁止民众使用。宋代时,番禺县令丁伯桂决定将井还于民,为了方便民众打水,在井中加了一个九孔的石盖,从此越王井又被称为"九眼井"。清代初年,平南王尚可喜又在井周围筑起砖墙,派兵把守,独占使用此井,并规定私汲井水者将受到鞭刑。

然而,随着周围环境的破坏和井底淤积,越王井逐渐失去了饮用功能。20世纪 50 年代,仍有周边居民前来打水饮用,但到了 60 年代以后,出于各种原因,越王井逐渐荒废。如今,越王井已成为文物保护单位,作为古迹供人参观。它不仅是广州历史上开凿最早的井泉之一,也是南越国时期水利工程的重要遗迹。通过对越王井的研究和保护,我们可以更好地了解古代广州的历史和文化,以及古代水利工程的发展历程。

内蒙古河套古井

地点:阿拉善盟额济纳旗乌兰布和沙漠边缘,与鄂尔多斯市接壤

年代:该井可能建于汉代或唐代,距今已有 2000 多年历史。

背景："河套"一名始于明代，因其地历代均以水草丰美著称，故有民谚"黄河百害，唯富一套"；至民国时期称为绥远省。

明代河套所指是这样一个地区：黄河经今宁夏北流至内蒙古巴彦淖尔市瞪口与临河之间，以乌加河为主干道东折，然后流经包头、托克托县，再南折流往山西河曲、保德，包括鄂尔多斯高原及后套平原、前套平原。明以前，河套称"河南地"等。河套古井直径约为 10 米，深度达 70 多米，被誉为"天下第一井"。它是一口传说中的"活井"，一年四季都有水，即使干旱时期，也能流出清冽的地下水。历史上，这口古井曾经是当地游牧民族的重要水源之一，为人们的生产、生活带来了便利。

在北纬 37 度线以北的贺兰山脚下，黄河似乎本应该向低地处平直地流去。它却发生了一个常人难以预料的改变：先是向东北流，继而向东流，再折向南流。黄河像一位单枪匹马、勇往直前的拓荒者，一路北上，遇到的是一片缺水的土地，附近有乌兰布和沙漠、库布齐沙漠、乌兰察布沙漠、毛乌素沙地，这些分布于贺兰山和阴山附近地区生产力原本远不如内蒙古东部的贫瘠草原，但在黄河几千年的滋润下，在沙漠和草原腹地造就了肥沃的河套平原。

所以，后世人们以"黄河百害，唯富一套"来形容这块土地的弥足珍贵。黄河的反其道而行之，让"400 毫米等降水量线以下是草原和荒漠"的规则打破。于是，闭塞的塞外出现了适宜定居的耕耘乐土。没有这样的地方，就难有后来的走西口，也难有晋商的驼队，更不会产生银川、包头、呼和浩特发达的政治经济中心。

南越王宫遗址古井

地点：广东省广州市越秀区

年代：广州目前保存的开凿最早的一个井泉，有超过 2000 年的历史，可追溯至南越国时期。

背景：南越王宫遗址位于广州市越秀区，是南越国王宫的所在地，总面积达 15 万平方米，包括御花园遗址、南越国宫殿遗址等重要遗迹。在这片遗址上，考古人员发现了多口古井，其中最为引人注目的是两口保存完好的水井，它们不仅为研究南越国的历史和文化提供了宝贵资料，还展示了古代筑井技术的高超水平。这两口水井分别位于南越王宫遗址宫殿的两廊，南北相距不到 8 米，其中北井为食用井，南井为渗水井，专门用于处理污水。

北井的井台外围专门铺设了圆形槽沟，据专家推测，这可能是为了防止流沙进入井内，体现了古代工程师的巧妙设计。南井的构造更为独特，其井墙采用了八卦状砖平铺的方式，层与层之间再用3层平铺砖相间。这种砌法不仅美观，而且利用了刚性力学结构的原理，使得井墙在外力挤压下更加紧密，展现了古代筑井技术的高超水平。此外，南井的水底还采用了沙和煤渣过滤的方式，用于转化污水，体现了古代人民对于水资源保护和利用的智慧。这两口古井不仅构造奇特，而且至今仍有井水，显示了其良好的保存状态。井内的灰色和红色墙砖，可能是食用井加固时为区分新旧区域而作，为研究古代建筑技术和材料提供了重要线索。

半倒井

地点：山东省潍坊市诸城市石桥子镇半倒井子村

年代：建造于东汉时期。

背景：井深约为9米，井口直径达到1.2米，这样的尺寸在古代井口中较为罕见，显示出其作为重要水源地的特殊地位。井水长年保持清冽甘甜，且从未干涸，自古以来就是当地居民的饮水水源，对于维持日常生活和农业生产具有重要意义。它的存在不仅解决了居民的饮水问题，还促进了当地社会的发展和繁荣。半倒井子村的命名与这口井有着直接的联系。由于井壁呈现出半斜的状态，村民们便以此井为特色，将村子命名为半倒井子村，以区别于其他村庄。

尽管在20世纪90年代初，半倒井停了作为饮用水源的功能，但它作为乡村古井得到了完好保存。这一举措不仅保护了古井本身，还保留了当地的历史记忆和文化传承。如今，半倒井已成为当地的一个重要历史遗迹，吸引着游客和研究者前来探访和了解。

吕梁市乔家大井

地点：山西省吕梁市离石区东南约3千米的乔家村

年代：《山西通志》《吕梁市志》等历史文献中都有对乔家大井的记载。乔家大井的建造年代可以追溯到汉朝，即公元前206年至220年。

向地球深部进军——从里耶古井到羊八井能源新纪元

背景：在汉代，山西地区自然水资源相对匮乏，为了应对这一挑战，当地居民开始积极修建各种水利设施，如灌渠、落水洞等，以充分利用地表水和地下水资源。乔家大井正是在这样的背景下应运而生，它不仅解决了当地居民的饮用水问题，还满足了灌溉农田的需求，对当地农业生产和居民生活产生了深远影响。

乔家大井最初是由乔国公所开，其规模宏大，直径达13.85米，深91.5米，堪称中国现存最早的一口大型井之一。这口井不仅为乔家村及周边地区提供了丰富的水资源，还成了民间庄户共同利用的重要公共设施。在长期的使用过程中，乔家大井逐渐融入了当地的社会经济和文化发展中，成了山西地区古代水利文化的重要遗产之一。

乔家大井的建造技术和设计理念也体现了中国古代水利工程技术的精湛水平。井口的直径和深度都经过精心计算，以确保井水的充足供应和稳定水位。同时，井壁和井底的构造也充分考虑了地质和水文条件，确保了井体的稳固和耐用。这些技术特点不仅反映了中国古代水利工程技术的发展历程和文化传统，也为后世的水利工程建设提供了宝贵的经验和借鉴。

大安宅古井群

地点：天津市蓟州区刘家顶乡大安宅村

年代：战国、汉代、明代（汉代井居多）

背景：2000年夏季，在天津市蓟县城西南25千米的桑梓镇大安宅村北，考古人员发现了一处古井群。经过勘探、发掘和清理，在近1000平方米的区域内，共发现19口深浅不一的古井，其中战国古井7口、汉代古井11口、明代古井1口。

这些古井中，战国古井为圆形土坑竖穴形式，汉代古井则包括砖井和木井两种类型。在古井群的发掘过程中，出土了大量文物，包括陶壶、陶罐、纺轮、铜镞、铁铲、石球、砾石、砖、瓦、鹿角、栗子皮、井钩等，这些文物为研究当地的历史文化提供了宝贵资料。

尤为重要的是，在其中一口汉代古井内，考古人员发现了一方汉代道教方术文书木牍。木牍是战国至魏晋南北朝时期的一种书写材料，由木材削制而成。这方木牍经过脱水处理和残片拼复，最终解读出6行带有明显道教色彩的墨书文字，如"天帝""正月朔朔利三月三日五月五日七月七日东阴""官北方六郡属八千"以及"期有发落斩杀急如律令"等。这是目前我国发现年代最早的道教方术木牍文书,对研究北方的道教发展具有重要参考价值。

　　此外,在古井群的发掘中,还发现了一口木结构的方形古井,井壁全部用柏木砌成,木材之间采用榫卯结构连接。这种木井在北方较为罕见,尤其是距今千年以前的柏木井更是少见。其用料精细,做工细腻,显示了古代工匠的高超技艺。

　　大安宅古井群的发现,不仅丰富了当地的历史文化内涵,也为研究古代水利设施、社会生活和宗教信仰等方面提供了重要实物资料。这些古井的存在,反映了当时社会的用水需求和水利工程技术的发展水平,同时也为研究古代城市布局、人口分布和工业作坊等提供了重要线索。

第五章 魏晋南北朝时期的井

魏晋南北朝（220年—589年）是中国历史上政权更迭最频繁的时期，其间战乱频发但文化交流与民族融合也极为活跃。这一时期，政治格局动荡，南北政权对峙，不同民族文化相互碰撞与交融。在社会生活的诸多方面，古井不仅是人们的生活所需，也见证了这段复杂历史的变迁。本章介绍了魏晋南北朝时期具有代表性的古井。

孔明井

地点：广西壮族自治区隆安县

年代：距今1700余年，三国时期

背景：孔明井是一口具有悠久历史的古井，据县志记载，其历史可追溯至1700多年前的三国时期。当时，蜀军南征至象郡（今广西地区），由于连年征战以及水土不服，将士们得了不同程度的疾病。更为严重的是，饮用当地右江水后，将士们普遍出现拉稀症状。为了解决饮水问题，蜀军统帅诸葛亮下令将士们在当地挖掘水井。在福颜村周边，当时共挖掘了8口井，以应对蜀军的饮水需求。然而，随着岁月的流逝，目前仅位于福颜村谭荒屯的一口井较为完整，这口井也被后人称为"孔明井"，以纪念诸葛亮在此地的功绩。

尽管历经千年风雨，孔明井仍然保存得相对完好，成为当地历史文化的重要见证。如今，它不仅是当地居民生活用水的重要来源之一，也是游客们探访三国历史文化的热门景点之一。

魏晋南北朝时期的井　第五章

临汾市尧庙井

地点：临汾市尧都区秦蜀南路尧庙内

年代：传说开凿于尧帝时期，确切年代难以考证，但其承载的文化内涵可追溯至上古时期。现存的尧井亭始建于东晋太宁年间（323—326）。

背景：在远古时代，人们多依傍江河湖泊而居，生活范围受到很大限制。尧帝心系民生，为解决百姓远离水源时的饮水难题，带领众人"寻蚁造井"，成功开凿出可供饮用的水井。这一创举极大地拓展了人类的生存空间，人们无需完全依赖天然水源，得以向更广阔的区域迁徙和定居，推动了社会生产生活方式的变革。尧庙井直径八寸，井壁为两层，外层有卵榫砖九块一圈叠圈砌成。其井水水质优良，不仅满足了当时人们日常饮用需求，还为周边的农耕灌溉提供了便利，对当地农业发展起到了关键的支撑作用，为社会的稳定繁荣奠定了基础。尧庙井成了纪念尧帝功绩的标志性建筑，承载着民众对尧帝的感恩与崇敬，也是临汾地区悠久历史文化的重要象征，千百年来在当地民众的生活与精神世界中占据重要地位。

五眼井

地点：广东省广州市

年代：南北朝时期

背景：1400多年前，印度高僧达摩祖师东渡中国，在登陆后选择了广州作为居留地，并在此地建造了西来庵（后发展为华林寺的前身）。为解决西来庵及周边居民的饮用水源问题，达摩祖师亲自带领信众和民众，在西来庵前开挖了一口古井，即最初的五眼井。

起初，这口井只有一个井眼，但由于地下水源充足，水质清澈甘甜，很快便成了当地居民的重要饮水来源。为了方便更多人同时打水，避免排队等候，达摩祖师和当地民众决定扩大井的规模，于是在原有的井眼基础上，又开凿了四个井眼，形成了五个井眼并存的格局，"五眼井"也因此得名。

五眼井不仅解决了当时居民的饮水难题，还成为广州九大名井之一，具有深厚的历史文化底蕴。这口古井见证了广州的历史变迁，也承载了达摩祖师与当地民众的深厚情谊。如今，五眼井已被列为广州市文物保护单位，成了研究广州历史文化和古代水利设施的重要实物资料。

此外，五眼井的建造还体现了古代中国人民的智慧和创造力。在当时的条件下，能够开凿出五个井眼并使其同时出水，需要高超的水利工程技术和丰富的地质知识。五眼井的建成不仅满足了人们的饮水需求，也展示了古代中国在水利工程方面的卓越成就。

憨憨泉

地点：江苏省苏州市虎丘山风景名胜区

年代：南朝梁

背景：憨憨泉，作为江苏省苏州市虎丘山风景名胜区的一处著名古迹，距今已有1400余年历史，其历史可追溯至南朝梁代天监年间。憨憨泉不仅是一口历史悠久的古井，更因其独特的地理位置和清澈甘甜的泉水而享有盛名。井位于虎丘之上，泉水源自地下深处，水质纯净，口感甘甜，被誉为"井底泉眼潜通海"，意指其泉水似乎与大海相通，具有独特的海洋风味。在古代，寺庙的僧人常在此取水，用以冲泡当地著名的虎丘白云茶，以此款待远道而来的贵宾，展现了憨憨泉在当时的重要地位。

憨憨泉不仅以其水质著称，其井栏圈及井后壁均镌刻有"憨憨泉"三字，字迹清晰，笔力遒劲，出自宋代著名书法家吕升卿之手，为这口古井增添了几分文化气息和艺术价值。这些石刻不仅是对憨憨泉的纪念，更是对古代书法艺术的一种传承和展示。

憨憨泉所在的虎丘山风景名胜区，自然风光秀丽，人文景观丰富，吸引了无数文人墨客前来游览和题咏。它作为其中的一处重要景点，不仅承载了深厚的历史文化底蕴，也成为人们了解苏州古代历史和文化的重要窗口。

胭脂井

地点：江苏省南京市玄武区玄武湖南侧

年代：南朝

背景：胭脂井，原名景阳井，位于南京市玄武区玄武湖南侧、鸡鸣寺内，原为南朝陈景阳殿的一部分。该井历经历史变迁，隋唐以后，随着台城的多次破坏，景阳殿被毁,胭脂井也随之湮没,但井栏得以保存并流传。宋朝时期,井栏被保存在法宝寺(今鸡鸣寺)内,因其石栏上的红痕类似胭脂而得名胭脂井。此后,井栏的具体位置有所变迁,明朝时位于天王殿左侧,而原井栏据说保存在明故宫遗址文物保存所。清朝道光年间,鸡鸣寺住持寻得遗址并立栅栏保护,题名"古胭脂井"。民国时期,井旁建有胭脂亭,并题写"古胭脂井"四字。

如今,位于鸡鸣寺东麓山坡上的"古胭脂井"即为该历史遗迹,井前有石碑,碑上刻有"古胭脂井"四个大字。作为一处历史文化遗迹,胭脂井不仅见证了南朝的沧桑巨变,还是南京市的重要旅游景点之一,吸引着大量游客前来参观。同时,它也承载着深厚的历史文化底蕴,是研究南朝历史和文化的重要实物资料。

图 5.1　胭脂井简介

图 5.2　胭脂井旁的石刻

图 5.3　胭脂井

魏晋南北朝时期的井 | 第五章

图 5.4 胭脂井俯瞰图

同乡共井

地点：江苏省南京市秦淮区老门西片区，南起陈家牌坊，北至饮马巷。
年代：东晋
背景：同乡共井的历史可追溯到东晋时期的南京，与著名的王、谢家族有着深厚联系。西晋末年，北方大量官民南渡至江南地区。这口井最初由王导所建，旨在激励从北方迁徙而来的官民团结一致、同舟共济，以在江南地区站稳脚跟并

043

巩固新政权。随后，谢安因在淝水之战中立下赫赫战功而成为名相，他同样强调南迁官民的团结合作。尽管关于这口井及其名称的由来存在多种说法，包括王导与谢安的激励故事，以及同乡迁居共用一井并形成同乡会的实际情形，但"同乡共井"这一名称及其所蕴含的同舟共济精神逐渐流传开来。

尽管"同乡共井"和谢公祠在历史上曾几度因战乱而毁坏，但它们作为历史遗迹，承载着东晋时期南京的重要文化记忆。如今，这一地名不仅是对那段历史的见证，也体现了团结互助、共同奋斗的精神，具有一定的历史文化价值。

图 5.5 同乡共井

魏晋南北朝时期的井 第五章

图 5.6 同乡共井俯瞰图

图 5.7 同乡共井铭牌

045

向地球深部进军——从里耶古井到羊八井能源新纪元

图 5.8　同乡共井周边民居

萧梁古井

地点：上海市嘉定区解放街与胜利街交口南翔双塔前

年代：修建于南朝时期，几乎与云翔寺同时诞生

背景：《中吴纪闻》中记载："昆山县临江乡有南翔寺。初，寺基出片石，方径丈余，常有二鹤飞集其上。有僧号齐法师者，谓此地可立伽蓝，即鸠材募众，不日而成，因聚其徒居焉。二鹤之飞，或自东来，必有东人施其财；自西来，则施者亦自西至。其它皆随方而应，无一不验。"建于南朝梁天监年间的南翔寺，在清代被康熙赐额"云翔寺"，故又易名为云翔寺。清乾隆三十一年（1766）正月，云翔寺毁于一场大火，仅剩下寺砖塔等遗迹，在此后数百年间耸立在南翔老街景区，默默守护着这个历经沧海桑田的江南水乡古镇。

让人惊喜的是，在双塔前方的空地上，还隐藏着两口古井——萧梁古井。萧梁古井，俗称"八角井"，旧时古井上盖有井亭，供寺院僧人及周边居民饮用和洗涤。1961年，为拓宽街道和翻修房屋，古井被埋在地下。近50年后，随着南翔老街改造工程的启动，在考古清理中，古井得以重见天日。

山西大同悬空寺井

地点:山西省大同市浑源县悬空寺内

年代:据史料记载及建筑风格推断,悬空寺始建于北魏后期(491年左右),寺内古井应与其建造年代相近

背景:北魏时期,佛教兴盛,人们对宗教建筑的需求大增。悬空寺在此背景下依山势而建,选址独特,处于峡谷峭壁间,施工难度极大。而寺内的井作为重要的生活设施,为长期在此修行的僧人以及往来的信众提供生活用水。由于悬空寺地势高且建筑独特,这口井的水源获取方式颇为特别,可能是利用山体结构及地下水脉,通过巧妙的设计引入寺内。这不仅解决了用水难题,也体现了古代工匠在建筑选址和生活设施规划上的智慧。随着岁月的流转,悬空寺井不仅承载着供水功能,更成为悬空寺历史文化的一部分,见证了悬空寺历经千年的风雨沧桑和佛教文化在当地的传承发展,吸引着众多游客和学者前来探寻其奥秘。

第六章　隋唐时期的井

隋唐时期为隋朝(581—618)和唐朝(618—907)两个朝代的合称,也是中国历史上强盛的时期之一。中国历史上,隋唐时期以及三国至南北朝时期是中国封建社会的重要发展阶段之一,各地也出现了许多著名的古井。本章介绍了隋唐时期以及从三国至南北朝时期的典型古井。

凤凰井

地点:安徽省宣城市广德市

年代:隋唐时期

背景:据史料记载,该井建于唐代,至今已有千年的历史。井水清澈透亮,如明镜般照人,口感甘甜如乳,长期以来一直是当地居民的重要水源。凤凰井的得名可能与其地理位置或周边景观有关。该井位于一个风景秀丽、环境优雅的地方,被当地居民视为吉祥之井,因此得名"凤凰井",寓意着吉祥、美好和繁荣。

凤凰井不仅见证了广德市的历史变迁,还承载着当地居民的深厚情感和文化记忆。作为一口历史悠久的古井,它不仅是当地居民日常生活的重要水源,也是当地文化传承和发展的重要标志。如今,凤凰井已成为广德市的一处重要文化遗产和旅游景点,吸引着众多游客前来探访和品味其独特的魅力。

随着岁月的流逝和城市的发展,凤凰井曾一度面临被遗忘和破坏的风险。但幸运的是,当地政府和文化部门已经意识到其重要的历史和文化价值,并采取了有效的保护措施。如今,凤凰井得到了妥善的修缮和保护,成为当地居民和游客共同珍视的文化瑰宝。同时,相关部门还加强了对古井周边环境的整治和提升,使其更加美丽和宜居。

百花井

地点：安徽省合肥市庐阳区

年代：唐末

背景：在合肥市的庐阳区,有个地方叫"百花井",这是一个具有深厚历史文化底蕴的地名。该地名源于一口古老的井,位于原市政府宿舍附近,南起寿春路,北转西至阜阳北路。现今,该地区已发展为一个名为"百花井巷"的居民小区,成为合肥历史文化中不可或缺的一部分,与逍遥津、三孝口等地名齐名。

据《安徽省合肥市地名录》记载,百花井为五代时期吴王杨行密女儿的府邸之井,巷也因此井而得名。杨行密作为唐朝末年的重要人物,曾被封为吴王,其势力范围广,对江淮地区有着深远影响。

随着时代的变迁,百花井的具体位置已难以考证。据当地居民回忆,早在多年前,古井已被水泥盖子封死,并用青石和砖块围起。1987年旧城改造时,这口古井被填平,百花井地名虽存,但井的具体位置已鲜有人知。

尽管如此,百花井作为地名依然承载着合肥人的历史记忆和文化情感。许多建筑和门店都愿意与百花井产生联系,以此彰显其文化底蕴。从公主府第到寻常人家,从百花井水到高楼大厦,时间的流逝在百花井巷内留下了深刻的印记,使其积淀得淡定且安详。

云居寺圣水井

地点：北京市房山区大石窝镇水头村白带山下云居寺内

年代：建于隋唐之际,因高僧静琬刻石经、建云居寺而得名

背景：隋文帝仁寿元年(601),曾于诸州高爽清净30处建舍利塔,白带山智泉寺也奉安了舍利,建造了舍利塔。隋炀帝大业年间(605—616),慧思的弟子智泉寺静琬秉承师训,在白带山开创了石经刊刻事业,到唐贞观五年(631),为刻经的需要在白带山下大规模修建庙宇,因白带山山腰常有白云紫绕,故改寺名为"云居寺"。房山云居寺石刻佛教大藏经(略称房山石经)是我国从隋绵延到明千年不断刻造的石刻宝库。隋代开山静琬法师,受北齐唐邕、灵裕"末法"影响,继河北鼓山响堂寺、宝山灵泉寺的刻经活动,在北京房山开凿石窟、刻造石经,锢藏石室以备法灭。从隋大业十一年(615)到明代崇祯年间经六个朝代历一千余年,

共镌刻了一万五千余石的经版,为中国佛教史的研究提供了许多新材料,是极其珍贵的出土石刻文献。云居寺内部有一口井,形状如观音菩萨的净瓶。据说此井是静琬等刻经人凿就的水井,因千年不枯,故而称圣水井。

江华县九龙井

地点:湖南省江华瑶族自治县沱江镇内,距永州 150 千米,距桂林 220 千米

年代:最早或追溯至前唐时期

背景:九龙井原始榉木林是一处珍贵的自然景观,面积达到 10 余亩,共有 174 株古树。这些古树的平均胸径为 24.7 厘米,高度达 7.6 米,树龄普遍在 500 年左右。其中,最大的一株榉木树胸径达到 48.4 厘米,高度为 12 米,据推测其树龄已超过 2000 年。在榉木林的中央,生长着一株树龄三千年的古樟,其胸径达到 1.78 米,高度为 20 米,冠幅达到 18 米×16 米。这株古樟的根系发达,盘根错节,其底部涌出九股清泉,因此得名"九龙井"。

在九龙井周围,蕨类植物密布,四季常青,形成了独特的生态环境。直到 1996 年,经中南林学院(现为中南林业科技大学)的专家学者考证,这片榉木林被证实是在当今世界上几近绝迹的珍贵树种。

九龙井不仅是一处自然景观,还承载着丰富的文化和历史价值。其名字的由来和古樟的生长都充满了神秘和传奇色彩,吸引了大量游客前来探访。同时,这片榉木林也见证了江华瑶族自治县的历史变迁和生态环境的演变,是研究当地自然和文化历史的重要窗口。如今,九龙井已成为江华瑶族自治县的一处重要旅游景点,吸引着越来越多的游客前来领略其独特的自然风光和深厚的文化底蕴。

鸿胪井

地点:大连市旅顺口区

年代:唐朝时期

背景:鸿胪井是唐朝派遣鸿胪卿崔忻使团册封渤海国(698—926,位于今中国东北地区)时留下的重要历史遗迹。此次册封活动标志着唐朝与渤海国正式建立了关系,对后世产生了深远影响。为纪念这一历史事件,崔忻在归国途中经过旅顺时,特意选择黄金山南麓及西北麓两处地点,各凿井一口,以表达对渤海

国的深厚情谊和对这片土地的尊重。在黄金山西北麓的井旁,崔忻还立下一块巨石,并亲自刻写铭文,记录了此次册封活动的经过及意义。这两口井及其旁的刻石,被称为鸿胪井。凿井刻石在中国古代文化中具有深厚的传统意义,既象征着饮水思源,也表达了对所在地的重视和纪念。

崔忻选择凿井作为纪念方式,不仅因为井能持续供给人们水源,象征着永恒与不竭,更寓意着唐朝与渤海国之间的友谊如同井水一般,源源不断,永不干涸。鸿胪井刻石不仅是唐朝与渤海国友好交往的见证,也是研究唐渤海关系的重要珍贵文物。然而,鸿胪井刻石的原石在历经沧桑后,最终流失至日本,现存于日本宫内省。尽管如此,旅顺博物馆仍陈列有一块模刻之石,该石基本保持了原刻石的文字面貌,为后人研究鸿胪井及唐渤海关系提供了宝贵的实物资料。

金岭五村双井口

地点: 淄博市临淄区金岭回族镇金岭五村

年代: 据《青州府志》和《益都县图志》等有关史书记载,金岭双井口挖掘于贞观年间

背景: 唐太宗李世民,对内以文治天下,在国内厉行节约,大力发展农耕水利,至唐高宗乾封年间,金岭始称"金岭镇",金井口亦改称"金岭双井口"。一则用于农田浇灌,二则用于民众生活用水。金岭双井口的水质清澈甘甜,极宜生活用水及泡茶饮用。故此,金岭镇民众及周边群众都到此井取水。

据实地勘测,双井口,井底直径 3 米,井深 40 米。此井下宽上窄,井壁皆用经马道运进的青石铺砌而成。井口台面东西长 4.6 米,向北宽 4.2 米。台面中夹有两块带有井口的长度 2.2 米、宽度为 70 厘米的长方形条石,南北并列排放,井口东西相依。井口石厚度 30 厘米,井口周边凸起 10 厘米(以防污水流入井内),两井口直径均为 35 厘米。西井口槽沟 18 条,东井口槽沟 16 条,槽沟最深处达 5 米。井台两面台阶各 7 级,井台面高于地面 1.5 米。井台西南角矗立一块宽 60 厘米、高 70 厘米,中间透空方石,以方便竖着置放取水担杖。挖井之初,曾在距离西井口正西 5 米处,置一方带底座的石碑,碑宽 80 厘米,碑高 1.2 米,面西而立,上面刻有挖掘井的具体年代等。

唐中期至中华人民共和国成立初期,民众多用木桶取水,但因浸泡后重量增加,取水不便。金岭镇民间后来采用柳条手工编织的"凉子"作为盛水器,形似桶

状,取水时一侧系铁物使其倾斜进水,用茅草绳贴井口拉动取水。水位浅时,亦可用担杖挂桶取水。农村合作化时期,井台建房封闭井口,名为"卫生井",安装木制的、形似鸳鸯罐的取水器械,通过两个盛水斗上下循环提水,既卫生又轻便。再后来鸳鸯罐被拆除,取而代之的是结实的麻井绳和轻便的铁水桶。2018年初,金岭镇政府紧紧围绕文化名镇建设,对此处古井进行挖掘、整理、修复。金岭双井口得以重展往日之千年风采,向人们传达唐驿古镇的悠悠遗韵。

西安市龙首渠井渠

地点: 陕西省西安市长安区韦曲南街以南

年代: 据《龙首渠与唐代水利文化》记载,其年代为唐代初期,具体建造时间为公元712年左右。

背景: 龙首渠是古代灌溉工程中的重要组成部分,也是中国古代水利工程的杰出代表之一。该遗址的发现和保护对于研究中国古代水利工程、农业、经济等方面都具有重要意义。在第一段井渠遗址,总共发现七口竖井,由南向北依次编为1号至7号。这些竖井废弃以后,被泥土填满,形成圆柱状。如今,这些土柱内夹杂很多汉代板瓦、筒瓦、陶器等残片,直径约1.2米,深度约30米,被誉为"千年奇柱"。

"井渠法"即从地面向下凿井,令"井下相通行水"使井和渠相结合的办法。"井渠法"开创了后代隧洞竖井施工法的先河,是我国古代一项独特的创举。龙首渠自澄城县北头村附近引洛水,南流约5千米,进入蒲城县永丰镇境内。在该遗址范围内,考古工作者共发现了7口竖井,其中2至3号井、5至6号井间距均为160米左右,7号井距6号井为224米,4号井距5号井仅11米。1号井位于河城塬村西东南20米处,井口直径约124厘米,深27.8米。7号井位于崖窑子村东南约30米,井口直径约126厘米。井内为松软的黄灰色填土,夹杂有板瓦、筒瓦、陶罐、盆、瓮、釜等残片。

成都市水井街酒坊遗址

地点: 成都市锦江区水井街酒坊

年代: 据相关考古发掘报告、专业研究论文以及《成都水井街遗址》等资料,

该水井建造的年代可追溯到唐朝初期

背景:成都水井街酒坊是至今所发现的唯一一座自明清以来延续600余年不间断生产的酒坊,而历时3年的水井街酒坊遗址的考古发掘研究,也是目前国内乃至世界上首例对古代酒坊遗址进行全面揭露的专题性考古发掘工作。这一重大考古新发现不仅为探讨中国白酒的起源及制造工艺等提供了珍贵的实物资料,也为填补中国科技发展史上的空白起了一个好头。

这座水井呈圆形,直径约为10米,深度为9.6米。其总体结构和细节设计均表现出明显的唐代艺术特色,被认为是中国古代城市水利工程的重要代表之一。

成都作为中国历史文化名城之一,在唐代就已经成了一个繁华的商业中心。水井作为当时城市的水源之一,对当地人们的生活和经济活动具有重要意义。因此,成都水井街遗址及其内部的水井,是研究唐代城市、社会、水利和文化等方面的重要资料来源和考古文物。

平遥古井群

地点:山西省晋中市平遥县境内

年代:平遥古井群的年代较为复杂,其中一些井建于明清时期,而另一些则建于更早的唐宋时期

背景:平遥古井群所处的背景是唐朝(618—907)至清朝(1644—1911)。当时,平遥地区经济、文化、农业等方面得到了迅速发展和繁荣,在这样的背景下,平遥古井群作为重要的水利工程设施应运而生。

平遥市辖区内山丘起伏,河道纵横,多年降雨量有限,自然水资源匮乏。为了解决当地居民的饮用水及灌溉农田的需求,人们开始修建各种水利设施,如灌渠、落水洞等,并不断开凿井口,以获取地下水源。随着时间的推移,这些井逐渐成为当地居民主要的供水来源之一,也促进了平遥地区社会经济和文化的发展。

在历史的长河中,平遥古井群承载了许多历史和文化的记忆,见证了这片土地上人们的劳动和智慧。同时,平遥古井群也是中国古代水利工程技术与文化传统的珍贵遗产,体现了中国水利文化的博大精深。这些古井在今天成了平遥历史文化的重要象征和旅游景点之一,吸引了众多游客前来参观和学习。

图 6.1　平遥古城

相国井

地点：浙江省杭州市解放路西段井亭桥边

年代：唐建中年间(781—783)

背景：相国井位于浙江省杭州市解放路西段井亭桥边,为唐建中年间(781—783)杭州刺史李泌所开,因李泌曾任宰相,后人取名为相国井以纪念,现为杭州市市级文物保护单位。

杭州自隋代以来,城市日益发展,至唐开元年间(713—741),人口已近十万户,但杭州城区是由浅海湾演变成的陆地,地下水很咸,以传统方式凿井,井水不能饮用。李泌任杭州刺史后,发动民工自涌金门至钱塘门分置水闸,在城内市民聚居处开挖大池(井),水闸至大池间挖深沟,沟内砌石槽,石槽中安装竹管(后改瓦管),填平深沟,开启水闸,西湖水源源不断流入城内。

李泌在杭州市区建造了六口井,分别为相国井、西井、金牛池、方井、白龟池和小方井。相国井在"甘泉坊"侧,位于今天的浣纱路、井亭桥西侧。这是六口井中最大的一个。

隋唐时期的井　第六章

图 6.2　相国井简介

图 6.3　相国井

055

图 6.4　相国井石围栏

图 6.5　相国井遗址全貌

后来,由于杭州地下水质变好,人们就地掘井,涌出的井水也能饮用,原有六井的功能逐渐减退。到了明代,六井中有四口井坏废,只有相国井和西井还存在。到了清代,相国井和西井也都废弃而被填埋。辛亥革命杭州光复后,人们在井亭桥畔相国井(井上有亭,井旁之桥称为井亭桥,横跨于清湖河〈今浣纱路〉之上,民国时一度称迎紫桥)原址用红砖砌了一个大井栏,留下了相国井的标记,使后人记住李泌的功绩。1987年,杭州市人民政府在原址修建了相国井,用白色大理石井圈护栏,在旁边立石碑记其事,并将相国井定为杭州市重点文物保护单位。

第七章 宋朝及五代十国时期的井

宋朝（960—1279）是中国历史上承五代十国下启元朝的朝代，分北宋和南宋两个阶段，享三百一十九年。中国历史上，宋朝以及五代十国是中国封建社会的重要发展阶段之一。本章介绍了宋朝以及五代十国的典型古井。

状元井

地点： 广东省佛山市禅城区澜石黎涌村

年代： 开凿于南汉期间

背景： 状元井位于广东省佛山市禅城区澜石黎涌村，其得名源于历史上这口井曾养育过两位杰出的状元——南汉时期的简文会和明代的伦文叙。这两位状元虽然生活在不同的朝代，但他们的居所仅仅相隔一条街，使得这口井成了当地人心目中的"状元之井"。

状元井不仅承载着深厚的历史文化底蕴，还具有一定的地理优势。它位于黎涌村，一个因藜溪九曲水而得名的古老村落。这里的九曲水在雨天可以排涝，旱天则可以灌溉农田，为当地的农业生产提供了便利。同时，这一方水土也孕育了丰富的文化传统，诗书礼教得以传承。除了其历史和文化价值外，状元井还具有独特的建筑风貌。井口呈方形，井壁用青石砌成，井水清澈甘甜，至今仍可供人饮用。周围环境幽雅，绿树成荫，为游客提供了一个宁静的休憩场所。如今，状元井已成为佛山市禅城区的重要文化遗产之一，吸引了众多游客前来参观和了解这段历史。它不仅见证了黎涌村的发展和变迁，也成了当地人心目中的骄傲和象征。

钱塘第一井

地点：浙江省杭州市

年代：五代十国

背景：钱塘第一井，又名大井或寒泉，位于大井巷，其名称由此巷得名。据古籍记载，此井为五代吴越国师德韶所凿，是钱塘地区的第一井。井水源自山脉融液，泉源纯净，不混杂江湖之水，即便遭遇大旱也不会干涸。井初凿时规模甚大，周长达到四丈，且井口最初无盖，被称为"吴山第一泉"。南宋高宗绍兴年间，出于安全考虑，太尉董德之用大石板盖住井口，仅留六眼供水桶下入取水。南宋理宗淳祐七年，杭城遭遇大旱，城中其他井水枯竭，唯独此井依然水源充沛，因此安抚使赵与上奏请求立祠表彰其奇异之处，并在井上加盖亭子，即后来的龙王祠。

南宋嘉泰二年（1202年），原清河郡王张俊府第发生火灾，波及巷中700余户。火灾过后，太守丁常任在废墟中偶然发现此井，经过数日整理后恢复全貌，井水甘美。另有记载称，该井井口刻有"后唐清泰二年开"字样，若此说可信，则该井的开凿时间可追溯至935年。明太祖洪武五年，参政徐立本在井旁立石表，刻"吴山第一泉"五字。然而，明宪宗成化十年，井亭遭焚毁，井也被瓦砾填埋。明孝宗弘治年间，井眼的木石结构损坏，参政周木进行整修，将井眼改为五眼。

图7.1 钱塘第一井

图 7.2　钱塘第一井井边石刻

图 7.3　钱塘第一井文物保护单位牌

在钱塘第一井不远处的小井巷右侧,还有一口吴越时期开凿的古水井,名为小井。据《咸淳临安志》记载,此井原称天井,曾湮没多年而不知所踪。

1986年,杭州市将"钱塘第一井"列为市级文物保护单位。历经千年,这口井依然为周边居民提供清澈的井水,用于洗衣、烧饭等日常用途。

庙井

地点:安徽省合肥市城隍庙内,戏楼北侧

年代:始建于北宋皇祐年间(1049—1054)

背景:庙井,位于安徽庐州府城隍庙内的戏楼北侧,是一处承载着丰富历史与文化记忆的珍贵遗迹。该井因位于城隍庙内而得名"庙井",其水质清澈甘冽,口感极佳,即便是在干旱年份,井水也从未枯竭,成为周边居民及庙内香火鼎盛时信众们的重要水源。

庙井的历史可以追溯到北宋皇祐年间,它的建造不仅解决了当时居民的饮水问题,也成了城隍庙内一处不可或缺的文化符号。千年来,庙井见证了庐州府的兴衰更替,承载了无数人的祈愿与希望,成了连接过去与现在的纽带。

20世纪60年代,该井被填埋至地下,直至2017年城隍庙修复时才得以重见天日。庙井的重现,不仅为城隍庙增添了又一文化亮点,也为研究庐州府乃至安徽地区的历史文化提供了宝贵的实物资料。目前,相关部门已对庙井进行了妥善的保护与修缮,确保其能够长久地保存下去,继续为后人讲述那段跨越千年的历史传奇。同时,庙井也成了游客们参观城隍庙时不可错过的景点之一,吸引着越来越多的目光,让更多的人了解并珍视这一珍贵的文化遗产。

缙云山八角井

地点:重庆市北碚缙云山缙云寺西北

年代:宋代

背景:缙云山八角井位于缙云寺西北侧,距离寺庙约百米之遥。此井由当地石材精心凿制而成,井深逾十米,井壁光滑,展现出古代工匠高超的技艺与智慧。井水源自山间清泉,澄碧清澈,四季不涸,即便在干旱季节,依然保持充沛的水量,为周边居民及寺庙僧侣提供了稳定的生活用水。

八角井不仅以其水质优良著称，更因井上独特的八角形石栏而增添了几分雅致与古朴。1953年，为保护这一珍贵的历史遗迹，当地政府对八角井进行了修缮，用青石精心砌成了八角形的井栏，既增强了井的安全性，又提升了其观赏价值，使之成为缙云山上的一处标志性景观。1990年，著名书法家周云泉先生亲笔题写了"八角井"三个大字，并将其石碑立于井旁。这一举动不仅为八角井增添了更多的历史文化气息，也成了后人了解缙云山历史与文化的一个重要窗口。

如今，缙云山八角井不仅是游客们游览缙云山时必访的景点之一，更是研究古代水利设施、宗教信仰及地方文化的重要实物资料。在保护与传承方面，当地政府与相关部门已采取了一系列有效措施，确保八角井及其周边环境的原貌得以保存，让这一珍贵的文化遗产得以世代相传，继续为后人所珍视与敬仰。

珠海市莲花山古井

地点：莲花山古井位于珠海市斗门区乾务镇乾西村莲花山南麓

年代：建于宋末元初，清道光辛卯年（1831）重修

背景：莲花山古井，井深达5米，井口直径约为1.36米，其规模适中，既便于日常取水，又体现了古代工匠的巧妙设计。在重修过程中，井上端采用了青砖砌成护井壁，有效防止了井壁的坍塌与风化。同时，为增强井口的稳固性与安全性，用四块花岗岩条石将原本的圆井口改建成了方井口。

重修时井台侧曾置有一块长1.15米、宽0.45米的花岗岩条石，其上阴刻有"道光辛卯春阖里立石"的字样，用以铭记此次重修的历史事件。然而，遗憾的是，这块具有历史意义的条石现已遗失，但其记载的内容仍被后人所铭记，成为研究古井历史的重要线索。

莲花山古井不仅是斗门区已发现的历史最为久远的古井之一，更是当地民众世代生活的见证者。历经数百年的风雨沧桑，古井依然保持着其结构的完整与稳定，水质清澈甘甜，长年不竭，至今仍在为村民们提供着生活用水，成了连接过去与现在的纽带。

莲花山古井对于研究宋末元初先民在斗门地区的繁衍生息、生产生活活动具有重要的参考价值。2011年7月，莲花山古井被核定公布为斗门区文物保护单位，成了当地乃至珠海市重要的文化遗产之一。

八角井

地点：辽宁省兴城市

年代：辽代(宋朝同期)

背景：八角井又称"八角玻璃井"，由辽代圆融大师(觉华)亲手所建，因设计八个角，故称八角井，该井起初是为当时大龙宫寺僧侣饮水而建。虽然这里距海岸线很近，但井水清凉甘甜，据说长饮此井水可以延年益寿。八角井井水面在海平面以下，水面每天随海潮起落而升降。八角井建成距今已有千年，其间经过数次地震，但井的结构没有发现任何开裂和变形。每逢大旱之年，岛上水井相继干涸，唯有八角井水深如故，始终保持 5 米左右深度，因此岛上居民均来此排队提水以解燃眉之急。八角井上架有农村提水用的辘轳，与八角井相映成趣，显示出农家的田园景色氛围。一株千年菩提生于井旁，枝繁叶茂，绿荫如盖，更增加了这里的神秘气氛。

汕头市南澳宋皇井

地点：广东省汕头市南澳县

年代：始建于南宋景炎元年(1276 年)

背景：南澳岛上有不少历史遗迹。宋皇井便是其中之一。据史料记载，公元 1279 年，元朝大军南下，南宋皇帝赵昺在宰相陆秀夫的扶持下，仓皇出逃，南逃至南澳岛上，驻扎在前澳山。当时他曾命令百姓前来澳前海滩上挖掘了三口井，一名"龙井"，一名"虎井"，一名"马槽"，当地百姓统称其为"宋皇井"。南澳岛上地震频繁，导致震后地面下降，使宋皇井也随之沉陷于海中。只有当特大台风暴潮时，大量沙层被海浪卷走后，古井才出露原形。新中国成立后，古井曾先后出露过三次。宋皇井每次出现的时间持续不长，很快又会被海水淹没，而且尽管水井位于海浪翻滚的沙滩上，井中喷出的泉水却十分清洌甘甜，用来冲茶，味道甚好，当地人视为珍品。宋皇井的变化隐现可能与潮汐周期有关。其井中的淡水为岛上的地下水通过井口流出而成。

宋皇井不仅是一处珍贵的历史遗迹，更是自然科学与人文历史交汇的独特景观，为研究海岛地质变迁、地下水动态及潮汐影响提供了宝贵的自然实例。

银川西塔井

地点：宁夏回族自治区银川市兴庆区进宁南街承天寺塔内

年代：据《夏国皇太后新建承天寺瘗佛顶骨舍利碑》《大夏国葬舍利碣铭》记载，元昊卒，谅祚幼登宸极，太后承天顾命，于天祐垂圣元年（1050年）敕建承天寺及承天寺塔，又名西塔。在承天寺塔旁这口银川最古老的井，据专家推测可能与承天寺同龄

背景：承天寺是宁夏有文字记载最早的寺院，寺内藏有佛舍利等圣物，显示了其在佛教界的重要地位。西夏王朝灭亡后，承天寺日渐荒废，但寺、塔尚存。元明之际，寺圮塔存，明初庆王朱栴重修。清初寺塔毁于地震，现存砖塔为嘉庆二十五年重建的遗构，保留了原西夏佛塔的基本形制。如今，承天寺塔已得到政府很好的保护，2006年被公布为全国重点文物保护单位。银川西塔井在承天寺塔旁，据推测与承天寺同龄，是银川最古老的井之一。

图 7.4　承天寺塔（西塔）

太原五龙井

地点：山西省太原市

年代：始建于北宋初年，距今已有1000多年

背景：太原五龙井所处的太原市，历来是山西省政治、经济和文化的中心地带。在古代，太原是交通要道和商业城镇，也是多个王朝的都城。因此，水源问题一直是当地居民和政府关注的焦点，尤其是在宋代，由于人口增长、经济繁荣等因素，太原市的水源更加紧缺，因此需要修建大规模的水利工程来解决这一问题。

太原五龙井的建造正是在这种背景下。它充分利用周围地形和地貌特征，通过灵活的设计和施工方式，将地下水引入井内，并通过水力压力将其提升到地面上。这种明渠式水井的结构十分精巧，具有很高的科学技术含量和文化价值，不仅解决了太原市的用水需求，也成为中国古代水利工程技术和文化传统的重要代表之一。

乳泉井

地点：广西壮族自治区贵港市桂平市西山

年代：始建于宋朝

背景：据桂平县志载：泉清洌如杭州龙井，而甘美过之，时有汁喷出，白如乳，故名乳泉，冬不枯，夏不溢。井旁有乳泉亭，1917年两广巡阅使陆荣廷倡建。呈方形，花岗岩石柱构筑台基。亭为砖柱木梁架，歇山青瓦顶，回廊式亭，面积75平方米。井西崖壁有摩崖："泉边有石为吾友，客里逢人说此山。"北崖壁有"盘石茶芽咸称美味，深溪乳水众试皆甜"。还有清同治元年（1862年）广西补用道张荣祖的"乳泉铭"，以及"乳泉"碑一通。

乳泉是一口方圆二尺、深不过尺许的古泉。冬不涸、夏不溢。据清同治版《浔州府志》云：乳泉"时有汁喷出，白如乳，故名乳泉。"近三十年，乳泉的喷汁现象时有出现。乳泉喷汁，过去认为是一种不祥征兆。随着科学的发展，乳泉喷汁的奥秘已为人们所认识。据科学考察和分析，那白色乳状的泡沫，是氡气泡。氡气是一种无色、无味的惰性气体。暴雨后，镭衰变而成的氡气随着地下水移动，从喷泉中挤碰出来形成泡沫，这就是乳泉喷乳的由来。

八棱石井

地点：上海市闵行区临沧路 148 号古藤园内

年代：凿制于南宋绍定五年（1232），外壁阴刻文字"宋绍定五年三月十三日题"

背景：南广福寺地处黄浦江"第一湾"，幸存一口石井栏，为青石质，八棱柱形，上小下大，栏圈高 0.36 米，上口内径 0.25 米。外壁一侧刻有 55 个文字，记载一项姓佛教信徒为超度亡妻早登极乐，于南宋绍定五年（1232）在村口开凿义井，造福乡里。原址在今吴泾镇境东南角，黄浦江内弯处的一个村落口。早年井已废，井栏移地留存。原物今存临沧路古藤园内，被安置于西北隅的宋井亭中。1966 年，原塘湾人姚顺林将其收藏，于 1999 年建古藤园时将其捐出。在上海地区刻有宋代纪年的石井栏极为少见，故该井栏的历史价值较高。

图 7.5　八棱石井及井栏

图 7.6　八棱石井俯瞰图

八眼井

地点：浙江省杭州市吴山
年代：宋代
背景：杭州古井众多，其中多眼井尤为常见。吴山上的上八眼井，作为其中的佼佼者，不仅因其独特的构造而引人注目，更因其在历史长河中的变迁而显得尤为珍贵。《梦粱录》这一宋代古籍中明确记载："宝月山下上八眼井。"这一记载为我们提供了上八眼井的确切位置和名称来源。上八眼井由四大四小八个井圈组成，大的井圈用于打水，小的则仅作为装饰之用，这种设计既实用又美观，充分展示了宋代工匠的智慧和审美情趣。

关于上八眼井，还有一个有趣的对应，即下八眼井。据史料记载，原来的下八眼井位于吴山脚下，靠近繁华的河坊街。然而，随着时光的流逝和城市的变迁，下八眼井已经不复存在，仅留下一些文字记载供后人凭吊。相比之下，上八眼井的保存状况要好得多，这得益于杭州市政府和文物部门的重视与保护。

八眼井作为杭州古井文化的重要组成部分，其独特的构造和历史文化价值也值得我们深入研究和探讨。通过对其历史背景、文化内涵以及保护现状等方面的研究,我们可以更好地了解杭州这座城市的历史变迁和文化传承,为保护和传承杭州的历史文化遗产贡献自己的力量。

图 7.7　八眼井文物保护牌

图 7.8　八眼井侧面图

宋朝及五代十国时期的井　第七章

图 7.9　八眼井俯视图

运木井

地点：浙江省杭州市净慈寺罗汉殿后

年代：北宋熙宁年间（1068—1077 年）

背景：圆照井位于杭州市西湖净慈寺罗汉殿之后，是一口历史悠久的古井。在北宋熙宁年间，由住持圆照开凿。当时杭州遭遇干旱，湖水干涸，圆照住持发现寺西有甘泉，便凿泉为井，以供寺内僧众及周边居民使用。由于井水源源不断，即便在干旱时期也未曾干涸，因此得名"圆照井"。此井水质清澈甘甜，且水源充沛，即使在极端干旱条件下也未干涸，成为当时寺内僧众及周边居民的重要水源。此外，圆照井还与济公活佛有关。传说在重修净慈寺时，缺少木料，济公运用神通，通过圆照井将木料从井中运出，因此圆照井也被称为"运木井"。随着岁月的流逝，圆照井不仅成了净慈寺不可或缺的一部分，也成了研究杭州地区历史、文化、宗教及水资源管理等的重要实物资料。

图 7.10　运木井全貌

图 7.11　运木井俯瞰图

宋朝及五代十国时期的井　第七章

图 7.12　运木井正面图

图 7.13　运木古井介绍牌匾

扳倒井

地点：山东省淄博市高青县高城镇北关村

年代：修建于北宋初年

背景：扳倒井位于高青县高城镇北关村，是高苑故城遗址的一部分。该地曾是历史上高苑县（今高青县部分地区）的重要地标，且以"高苑八景"之一而闻名。扳倒井的井口直径为0.85米，井壁向东南方向倾斜约35度，呈现出一种独特的、似乎被有意扳倒的形态。井座的圆砖上雕有精美的花纹，体现了古代工匠的精湛技艺。

在北宋初年，扳倒井即已存在，并长期作为村民的日常饮用水水源。其所在位置紧邻济水故道北侧，这一地理位置也为扳倒井增添了更多的历史与文化内涵。1999年，扳倒井被列为县级保护文物，显示了其在当地历史文化中的重要地位。2010年，扳倒井的保护级别再次提升，被列为市级保护文物，进一步体现了对其历史价值的认可和重视。如今，扳倒井不仅是高青县的重要文化遗产，也是当地居民和游客了解历史、感受文化的重要场所。它见证了高苑地区的历史变迁，承载了丰富的文化内涵和民俗记忆。

静安寺涌泉井

地点：上海市静安区南京西路华山路口

年代：南宋

背景：涌泉井位于静安寺门口，俗称海眼，又称涌泉、沸井，以泉水日夜涌出如沸水而得名。井旁精心构筑石栏，四周则环绕以铁栅，栏边矗立着阿育王式石柱"梵幢"，其上题有"天下第六泉"之字样，元代寿宁和尚所纂《静安八咏集》中已有"沸井"之名记载，详述其地理位置、形态特征及民间传说，谓其"陷若温泉，突沸犹火鼎"，每逢旱年，祈雨于此，多有灵验。清代秦荣光的《上海县竹枝词》亦提及此井，描绘其昼夜沸腾之景，并称其为"海眼"。另据《至元嘉禾志》记载，曾有孩童嬉戏于井中，发现水深仅二三尺，而水下气温稍暖，更添其神秘色彩。尽管《静安八咏》中未提及"天下第六泉"之名，但后世学者多认为，"沸井"之名在先，"天下第六泉"之誉在后，两者均为此井之重要标识。

历经明清两代，天下第六泉作为上海郊外之胜迹，吸引了无数文人墨客前来游览咏叹。据清《同治上海县志》记载,清乾隆四十三年(1778年),地方官员曾主持修缮此井,并筑亭其上,名曰"应天涌泉",以彰显其灵异与尊贵。同治十三年(1874年),井栏再次得到修缮,并由著名书画家胡公寿题写"天下第六泉"四字,为井增添了更多文化韵味。然而,随着光绪二十五年(1899年)公共租界的扩张,静安寺一带被划入租界,随后租界修筑马路,使得第六泉的地下水源遭受破坏。加之游人日益增多,随意向井中抛物,导致井内环境恶化,沸泉景观逐渐消失。至民国年间,该井已基本无喷泉现象。二十世纪六十年代,南京西路改造过程中,此井不幸被填没,成为历史的遗憾。

幸运的是,在1997年上海筑造地下铁路时,锦迪公司承建轨道交通二号线静安寺站,在上海市文管部门的指导下,经过精心挖掘,终于在古泉原址发现了大量雕像、围栏等珍贵文物。这些文物现被妥善保存于上海历史博物馆,成为见证上海历史变迁的重要物证。2009年9月26日,经过多方努力,涌泉在南京西路上重新安家。当日,静安寺涌泉落成仪式在南京西路华山路隆重举行,为静安寺地区增添了一处具有深厚文化底蕴的地标性人文景观,让世人得以再次领略到这一古老而神秘的泉水魅力。

紫金泉

地点:江苏省镇江市

年代:宋代

背景:紫金泉,位于江苏省镇江市的繁华地带,历史悠久,由宋代名士发掘。其水质清澈甘冽,富含矿物质,因而得名"紫金之水"。紫金泉的得名,一方面源于其水质之珍贵,如同紫金般稀有;另一方面,也与其所在地理位置的紫金山有所关联。

泉井位于高0.7米的平台上,井栏为六角形,边长各异,刻有元代书法家赵孟頫题写的纪年铭文。宋代起,紫金泉便是当地重要水源,用于饮用、烹茶及美食制作,吸引了众多文人墨客品泉论诗。明清时期,政府及民间多次修缮保护,并建亭台楼阁,使其成为自然风光与人文景观融合的胜地。历经干涸与污染危机后,在当地政府及社会各界的努力下,紫金泉重获新生,现为镇江市的标志性景点及重要文化遗产,承载着人们对美好生活的向往。

向地球深部进军 ——从里耶古井到羊八井能源新纪元

图 7.14 紫金泉简介

宋朝及五代十国时期的井 第七章

图 7.15 紫金泉遗址

向地球深部进军 ——从里耶古井到羊八井能源新纪元

图 7.16　紫金泉俯瞰图

图 7.17　紫金泉文物保护单位牌

第八章　元朝时期的井

元朝（1271年—1368年），是中国历史上由少数民族建立的大一统王朝，其政治、经济、文化等方面的变化都对后世产生了深远的影响。在这个时期，各地也出现了许多著名的古井。本章介绍了元朝的典型古井。

北海水精域古井

地点：北京市北海公园琼华岛西坡"水精域"殿内

年代：可追溯到元代，具体记载见于《元氏十三世祖记》，文中描述了井的位置与特征。

背景：北海水精域古井是老北京五大古井之一，具有悠久的历史。古井在元代时期即有用途，主要为"温石浴室"提供水源，并通过戽斗水车将水运至琼华岛山顶，形成独特的水景，包括水池、喷泉和瀑布等，这种山水交融的景观在中国古典园林中较为罕见。

在清乾隆年间，乾隆皇帝对北海进行了长达37年的营建，期间发现了这眼废弃多年的古井。为了恢复和革新元时的水景，乾隆皇帝于乾隆十八年（1753年）在古井上建起了"水精域"以保护古井，并修建了相关设施以利用井水。他还亲自题写了《永安寺古井记》，刻于水精域北山墙上，即古井的出水口处。次年，乾隆帝又下令重新修复了此古井。

古井位于"水精域"石室内，井口在室中心偏北处，井台呈四方形，由长条石砌成。井口直径约1.3米，井深约30米。由于古井年久失修且与世隔绝，其内部环境复杂，维修过程中需进行专业的气体检测和换气处理。维修工作包括清淤、加固井壁等，期间发现井壁中垫有加固用的木料，表明后人也曾对古井进行过维护。如今，虽然古井的具体用途已不再，但它作为北海公园内的重要历史遗迹，仍具有极高的历史和文化价值。

贵阳市三元井（玉元井）

地点：贵州省贵阳市

年代：可追溯到元明交接时，距今已经六七百年。

背景：大约在明朝洪武年间，有南下移民到贵阳，在贵阳北门城墙外这一带拓荒居住，就在如今的三民东路，因为开荒，人们在同一年的正月、七月、十月间发现了三股地下泉水，将其建成水井之后，按照发现的时间将其命名为上元井、中元井、下元井。曾经的上元井就在如今保存的古井处，中元井在富水北路东边，下元井在苏家桥附近。后来三井合并，全部在上元井处汇合，三元合并，故为三元井。

而关于最后合三为一的三元井，除了井水的生活功能之外，也延伸出了独有含义。贵阳市政府地名办公室出版的《贵阳地名诗文楹联》中，清代刘蕴良为三元井有楹联："科目蝉联翘厚泽，状头鳌点俯清流"，以三元之名，寓意古代读书人渴望"连中三元""三元及第"的愿望。据说，井边的原住民中就有人在乡试中得了第二名。

因为"岁数大"，历史悠久，三元井（玉元井）和龙井、薛家井并称为贵阳三大古井。2008年，贵阳市第三次全国文物普查工作中，贵阳市文化局统计出贵阳两城区现有古井21处，三元井就在其列，而且"比较幸运"的是，和其他已经被毁的古井相比，这里旧址还在，水源也还在，因此很快进入了修复和保护的范围。

永巩井

地点：海南省海口市琼山区龙塘镇永巩村

年代：元朝

背景：永巩井位于海口南部的羊山地区，该地区虽然植被繁茂，水源看似丰富，但由于特殊的地质条件（土层浅薄、岩石破碎、透水性强），历史上曾出现过严重的结构性缺水问题。为解决这一问题，先民们在此地开凿了众多水井，其中就包括永巩井。

永巩井井口约 1.2 米见方，井圈高约 0.6 米，由坚固的石材制成。井的外围用石块垒砌成围栏，围栏直径约 7 米，中央铺设着方石板，方便村民取水。围栏上方分置着十二个石墩，这些石墩大小不一，形状各异，其中十个为圆形，两个为方形，它们可能起到稳固围栏、防止塌陷的作用，同时也具有一定的装饰性。水井入口另有两根石柱，上面镌刻着模糊难辨的字迹。这些字迹可能记录了井的建造年代、建造者或相关历史事件，但由于年代久远，已无法清晰辨认。如今，虽然自来水已经普及，但永巩井作为羊山地区独特的井泉文化的代表，仍具有重要的历史和文化价值。

河北圣井

地点：河北省邯郸市

年代：始建于元代仁宗延祐二年

背景：位于河北省邯郸市西北 10 公里处的邯武公路北侧，有一处名为圣井岗的地点，因地处高岗且拥有一口神奇的井而得名"圣井"。此井位于圣母殿内神像前，深一丈多，具有独特的性质：在雨季时不会满溢，在干旱季节也不会干涸。圣井岗区域拥有一组始建于元代仁宗延祐二年的古建筑群，包括七十多间殿宇，规模宏大，堪称邯郸地区庙宇之首。

在清代，圣井岗的名声更加显赫。清代咸丰皇帝曾御赐"甘霖普降"的九龙匾额悬挂于圣母殿，使得这里声名远播。据记载，每当遭遇大旱，当地人便会前来圣井求雨，并常常得到灵验的回应。此外，清同治六年，因京师大旱，礼部尚书万青藜奉旨前来此地请铁牌求雨并成功，皇上因此大喜，不仅御制金牌归还（后此牌存于保定府藩库），还拨发帑银三千两用于修缮圣母殿。光绪四年，皇帝又御封"宏济龙神""灵应昭佑"，并多次颁发御书匾额。

1986 年，在重修圣庙的过程中，从圣井中掏出了 97 枚银、铜、铁、锡材质的祈雨牌，这些文物珍贵且具有历史意义。如今，圣井岗依然香火不断，尤其在每年二月二龙抬头时，庙会规模空前，庙前的大戏楼会为圣母上演数日大戏，吸引了众多信徒和游客前来参拜和观赏。

向地球深部进军——从里耶古井到羊八井能源新纪元

观星台古井

地点：河南省郑州市登封市观星台

年代：元朝初年至元十三年（1276年），与观星台同期建造。

背景：观星台位于登封市东南12公里的周公庙内，是我国现存最古老的天文台、世界上著名的天文科学建筑物，是天地之中历史建筑群建筑之一。观星台由元代天文学家郭守敬创建，至今已有700多年的历史，不仅反映了我国古代科学家在天文学上的卓越成就，还在世界天文史和建筑史上占有重要地位。

观星台中建有古井，据推测是郭守敬在建造观星台时挖凿的。这口井不仅为当时的测量仪器提供了所需用水，还满足了生活用水的需求。井水清澈甘甜，且历经数百年久旱不竭，充分展现了其卓越的水质和稳定的地下水源。

古井的存在不仅为观星台提供了必要的生活和科研条件，还成了观星台历史和文化的重要组成部分。如今，这口古井依然保存完好，成了游客参观观星台时的重要景点之一。通过这口井，人们可以更加直观地感受到古代天文学家在科研和生活方面的智慧与努力。古井的保护和维修工作也一直在进行中，相关部门和机构致力于确保古井的安全和稳定，以便更好地传承和展示其历史和文化价值。同时，古井也成了研究古代天文学和建筑史的重要实物资料，为后人提供了宝贵的学术资源。

天井巷元井

地点：江苏省常州市天宁区天宁街道古村社区天井巷21号前

年代：元代

背景：天井巷元井，又名"天井"，因天井位于常州青果巷东段天井巷北端临近古村处，因巷内有元代所凿"天井"，此巷因此而得名。该井为常州现存最早的古井，凿于元代，现已不用。井外径0.65米，内径0.35米，高0.20米，青石质。2003年调整公布为市级文物保护控制单位。"天井"井栏石用青石凿成，井壁为青砖，至今仍汲取此井之水洗用。据常州方志记载，此井系元代邑人赵云卿所开凿。赵精于地理，能知水源，经他选址开凿的井能长年不干涸，虽大旱之年水源枯竭，而此井涓涓不竭，被誉为"天井"。天井巷南起青果巷，北临古村，全长176米。该井曾被列为常州市文物保护控制单位，是青果巷历史文化街区的重要历史要素。目前保存状况一般,井口掩盖的青石板已经断裂。

显卿古井

地点:江苏省盐城市东台市安丰古镇

年代:元代

背景:古安丰滩涂斥卤之地,虽堆灰吸碱,地表水仍咸。历代居民挖井汲取淡水,既方便自家生产生活,也造福一方公益。现存的古井以两口元代古井为珍,皆为吴显卿出资所凿。吴显卿,号嵩惟,元代乡贤,系吴嘉纪的四世祖,宋代末年随曾祖父吴休从苏州迁徙来安丰居住。其父吴谦,元成宗时举为兵马都辖,任职期间勤劳谨慎,吴显卿继承良好家风,任元代嘉松府提举司,为官清廉,风纪严肃,消除盐政流弊,地方风清气正。

吴氏家族宋末随曾祖父吴休从苏州迁来。吴显卿继承家风,任嘉松府提举时,为官清廉,风纪严肃,不到一年,清除劣政流弊,辖地风气一新。至正年间去职回安丰,隐居堤西新灶乡。他独资购砖在乡居铺修街道,人称"新灶小街"。当年因久旱不雨,他出资开凿双井,一井在新灶,解决乡邻吃水的困难;一井在安丰场盐课司北,供抬盐苦力汲水解渴。

去世后墓葬于南港,周围长满翠竹。该地乃得名"竹园",嘉庆《东台县志》卷三十四载文专记其贤。"古井""竹园"现为安丰纪念先贤、和畅乡风之处。

湖田窑古井遗迹

地点:江西省景德镇市刘家坞北侧天门沟边

年代:元朝

背景:两口水井均在刘家坞北侧天门沟边,1977年清理。两井东西相距仅24米,井壁均为南宋覆烧窑具的底、盖砌成。东井井内堆积分三层,第一层为黄泥加石砾。第二层为细砂土,第三层淤泥中出土了白釉粗碗、单把罐、铁权以及木吊桶残片、棕绳等;西井井内多瓦砾沙泥,井底淤泥中出土一双系长腹陶罐。井底出土的粗瓷器为元后期墓中常见物,铁权和双系陶罐又与朝鲜新安海底沉船所出的同类遗物一致。

从水井的位置来看,其东侧与元代的作坊遗迹毗邻,井内出土物为元代陶工日常生活用品。如果把井底的陶工用瓷与离水井仅 80 米的刘家坞堆积的精致的枢府瓷器相比较，我们便能从一个侧面看到元代社会贫富悬殊的情景。

新余元朝古井

地点：江西省新余市渝水区良山镇黄虎村

年代：元朝

背景：在江西省新余市进行的第三次全国文物普查中，发现了一处保存完好的元代水井。该井因早年依靠的山坡地形具有天然牛头形象，被当地村民称为"牛形井"。井旁一块麻石上刻有"至正四年甲申仲月吉日信女刘氏四娘造"的字样，据专家解释，"至正"为元代最后一位皇帝的年号，因此"至正四年"即为公元 1344 年。

此方形古井历经六百多年，清泉依然不息。水质清澈透明，冬暖夏凉，一年四季泉水不竭，不仅供村民饮用，还常常外溢流入下方的池塘，供村民洗衣、洗物之用。这样保存完好的古代水井并不多见，为研究当时的历史、生活习俗、凿井技术以及井的形制演变提供了宝贵的实物资料。

鄂尔多斯"百眼井"

地点：鄂尔多斯鄂托克旗北部草原

年代：具体年代不可考证，民间有说法认为其与成吉思汗攻打西夏相关，但尚未得到证实

背景：鄂尔多斯鄂托克旗北部草原上存在着一个壮观的井群，被称为"百眼井"。这些水井分布在低洼的河床之上，数量众多，形成了一片独特的景观。尽管关于这些水井的具体开凿年代已无法考证，但它们作为草原上重要的历史遗迹，对于研究当地的历史、地理和文化具有重要意义。这些水井至今仍然为周边居民和牲畜提供着宝贵的水资源。

元朝时期的井 第八章

图 8.1 鄂尔多斯"百眼井"

鄂尔多斯市"黑城子"古井群

地点：鄂尔多斯市达拉特旗境内，具体地点为黑城子镇西北方向约 15 公里处

年代：据《内蒙古通志·地理志》，这个古井群建于元代至明清时期

背景：该古井群包括大小井口共计 291 个，呈不规则分布，其中较大的井口直径达到近 5 米，深度超过 20 米。这个古井群建于元代至明清时期，是当地游牧民族生产和生活所依赖的重要水源之一。由于气候干旱，水资源稀缺，游牧民族需要依靠灌溉以维持畜牧业和农业的生产。因此，他们修建了一系列的古井和灌渠，利用地下水进行灌溉，这也成为当地古代文明的重要标志之一。该古井群的发现和研究，对于我们了解古代游牧民族的生产生活方式、水利工程技术等方面都有着重要的意义。

东高古井

地点：山东省淄博市张店区沣水镇东高村

年代：东高古井开挖于元代，距今近 700 余年

背景：大口井，饮水、灌溉用井。井台呈正方形，井口直径70厘米，井深30米，全部用石头垒砌而成。东高古井水量丰沛，常年不枯，养育了一代又一代的东高人，被村民亲切称为"母亲井"。由于井水清澈甘甜、水质优良，村民常用它做豆腐、熬中药。民间有句俗话：凌晨街道梆子响，晚间户户豆腐香。由于打水用的绳索常年摩擦，井口的青石块被勒出了大大小小的沟壑。村民在旁边重新取石，再做了一个井口，井口上依然留下了岁月的痕迹。这井口的绳索痕迹有27条之多，旁边的是替换下来的旧井口，都留下了历史的痕迹。该井于2008年、2010年先后被区政府、市政府评定为重点保护文物。

图8.2 东高古井遗址

小杨戈六角井

地点：山东省潍坊市安丘市贾戈街道小杨戈村

年代：该井建造于元末明初

背景：小杨戈村南存在一口历史悠久的六角井，该井井口呈独特的六角形设计，兼具灌溉与饮用功能，属于大口井类型。这口井具有非凡的自然特性，即使在涝季也不会满溢，旱季也不会干涸。在天气晴朗、风平浪静的日子里，可以观察到井水中存在一条明显的东南西北分界线,一侧水质清澈,另一侧则略显浑浊,且两边水质存在淡咸之别。

明朝年间,当地遭遇连续三年的大旱,村民四处寻找水源,最终在村南发现了这口神奇的六角井。有诗为证,描绘了该井及其周边景象:

题小杨戈村南六角井

曹伯林

周边草色蕴葱茏,谁赐神泉荒岭中。

一线清浑贯南北,淡咸两味隔西东。

沃田有水丰收在,平野无春萧瑟同。

旱涝均衡缘六角,农家仰止谢皇穹。

此井不仅是当地村民的重要水源,也是研究该地区地理、气候及历史变迁的宝贵实物资料。

五台山观音井

地点:山西省忻州市五台县五台山北麓的佛爷顶上

年代:据《中国名井大观》,五台山观音井建于元代,距今已有700多年

背景:五台山观音井是一座人工挖掘的明渠式水井,深度达到155米,是中国境内的有名深井。五台山观音井不仅是当地居民生活用水的重要来源,也是中国古代水利工程技术和文化传统的重要代表之一。

五台山作为中国佛教名山之一,自古就是文化、宗教和旅游的重要中心之一。在古代,五台山周边的居民和僧侣需要大量的水,而附近的河流和泉眼数量有限,不能满足需求。因此,他们开始修建水井来获取地下水资源。

五台山观音井的建造正是在这种背景下。通过精细的设计和施工方式,五台山观音井成功地将地下水引入井内,并通过水力压力将其提升到地面上。这种水利工程技术在当时是非常先进和独特的,体现了中国古代科学技术的高度发展水平。

太原市神泉寺井

地点:太原市迎泽区神泉寺内

年代：据《山西文物大观》，神泉寺井最早建于元代，经过明清时期的多次修葺，今天仍然保存完好。

背景：神泉寺井的建造背景与当时社会的发展有着密切的关系。该井深度70余米，直径4.6米，是附属于神泉寺的一口文物古井。元代时期，太原地区人口增加，城市化进程加快，居民和僧侣需要大量的水。但由于地下水资源有限，他们开始修建水井来获取地下水资源，并将其引到地面上作为饮用水、农业用水和工业用水等。

神泉寺作为太原地区的佛教名刹之一，也遇到了类似的用水问题，因此在元代时期开始修建神泉寺井。经过多次的维修和改建，该井逐渐成为太原地区最著名的古井之一，也是当地居民生活的重要来源之一。同时，神泉寺井的建造也反映出当时中国古代水利工程技术的高度发展水平。

元代砖井

地点：天津市静海区蔡公庄镇顺小王庄村

年代：元代

背景：井体由青砖垒砌，井口直径为2.15米，深约4.5米，是天津历史上发现的保存最完好的元代砖井。在古井周围发现了金元时期的罐、碗等残片、鸱吻等文物，以及古代人类居住形成的活动面和瓷片，证明了在金元时期，该区域已有村落存在。此外，还发现了一些龙泉窑系的瓷片、青瓷碟、篦划纹碗底、鸱吻残片和花砖残片，推测古井附近可能有具备一定规模的建筑，如大户人家家宅或庙宇。

这口保存相对完整的元代砖砌古井，以及周边村落遗址的发现，为研究金元时期人类生活方式提供了重要素材。同时，也改变了村民们对本村历史始于"燕王扫北"的传统认知，将村庄的历史向前推进到了金元时期。为了保护这口元代古井的完整性，文物部门决定保留其原貌，未采用解剖方式打开井壁。

永丰库古井遗址

地点：浙江省宁波市中山西路北侧唐宋子城遗址内

年代：元朝

第八章　元朝时期的井

背景：永丰库始建于元朝，是元代宁波府的重要官署仓储机构。这里不仅有着露出地面的古井和古墙，还残留岁月的痕迹与历史的记忆。这些古井和古墙，作为永丰库遗址的组成部分，见证了宁波在宋元时期作为重要港口城市的繁荣与辉煌。

永丰库遗址在发掘之前，一直隐藏在现代城市的喧嚣之下。直到2001年，宁波市文物考古研究所在进行考古勘探时，偶然发现了这处沉睡数百年的古迹。经过一百多天的抢救性发掘，永丰库遗址得以重见天日，向世人展示了其独特的魅力与厚重的历史感。

在发掘过程中，考古人员发现了大量的古代建筑遗迹，包括砖砌甬道、庭院、排水明沟等，这些遗迹共同构成了一个布局相对完整的古代仓储机构。同时，遗址中还出土了众多珍贵文物，如瓷器、钱币、建筑构件等，这些文物不仅反映了当时社会的经济文化状况，也为研究宁波乃至全国的历史提供了重要资料。

为了保护这一珍贵的历史遗址，宁波市对其进行了填埋保护，并在其上建设了永丰库遗址公园。这一举措不仅有效地保护了遗址的完整性，也为市民和游客提供了一个了解历史、感受文化的场所。如今，永丰库古井遗址已成为宁波市的重要文化遗产，吸引着众多游客前来参观和探访。

图8.3　永丰库古井遗址

图 8.4　永丰库古井俯瞰图

图 8.5　永丰库遗址公园介绍牌匾

元朝时期的井　第八章

钟楼拾光古井遗址

地点:陕西省西安市地铁钟楼站通道旁

年代:元朝

背景:在繁忙喧嚣的西安地铁6号线与2号线交汇的钟楼站深处,一处静谧而充满历史韵味的角落悄然等待着旅人的发现。紧邻换乘通道的旁侧,赫然显露着两处历经沧桑的古井,宛如时光的低语者,诉说着往昔的故事。其中,一口古井被精心封闭保护,其年代可追溯至清代,井壁斑驳,见证了那个时代的风华与变迁;而另一口半封闭的古井,则属于更为久远的元代,井口半掩于现代文明之下,却依然透露出一种古朴与庄重,引人遐想连篇。这两口古井,不仅是西安深厚历史文化的微观缩影,也是地铁建设中尊重并融入历史遗迹的生动例证。

图8.6　西安钟楼地铁站内的两口古井遗址

089

向地球深部进军——从里耶古井到羊八井能源新纪元

图 8.7　元代古井

图 8.8　清代古井

明代倭井

地点：上海市闵行区纪翟路 221 号诸翟学校校园内

年代：元代，但名称与明嘉靖年间抗倭历史相关

背景：倭井，原为永福禅寺（又名大涞庙）内的一口古井，其历史可追溯至元代。永福禅寺，一座文化底蕴深厚的古刹，在元代初创时便拥有了东西对称的两口古井，它们见证了岁月的流转与世事的变迁。然而，历经风雨，其中一口井的具体历史变迁已难以详考。

元末明初，倭寇频繁骚扰我国沿海地区，上海地区亦深受其害。嘉靖三十二年（1553 年），倭寇在上海县镇多次焚掠。面对外敌的侵犯，诸翟人民展现出了顽强的抵抗精神，他们团结一心，与倭寇进行了殊死搏斗。在这场战斗中，部分倭寇的尸体被投入宅前屋后的水井中，以示对侵略者的痛恨与蔑视。其中，永福禅寺内的这口古井，因承载了这段悲壮的历史，而被当地人称为"倭井"。

为纪念诸翟人民英勇抵抗外侮的历史壮举，1981 年，倭井被公布为上海县（后改为闵行区）文物保护单位。1989 年，上海县人民政府在倭井旁增建了一座石井亭，并由上海市原市长汪道涵亲笔题写"倭井"匾额。倭井原位于闵行区华漕镇诸翟东街口，见证了数百年的风雨沧桑。2000 年，为了更好地保存和展示这一历史遗迹，倭井被迁至诸翟学校内，成了一处重要的爱国主义教育基地。2016 年 12 月，倭井在校园内进行了位置调整，以便更多师生能够近距离感受其深厚的历史底蕴。如今，倭井保存状况良好，作为上海地区唯一保存完好的反映人民抗击倭寇斗争的历史遗迹，它将继续承载着历史的记忆，激励着后人铭记历史、珍惜和平、奋发向前。

第九章　明朝时期的井

明朝（1368年—1644年），中国历史上的重要朝代，初期建都南京，明成祖时期迁都北京。在中国历史上，明朝是一个极为重要的时期，其政治、经济、文化等方面的变化都对后世产生了深远的影响。本章介绍了明朝时期的典型古井。

亚婆井

地点：澳门半岛

年代：相传为明朝，具体无史料记载

背景：亚婆井是澳门半岛的一处历史遗迹，其葡文名称为"lilau"，意为"山泉"。中文名称"亚婆井"则源自粤语中的"阿婆"，即老婆婆。尽管关于亚婆井的起源存在传说故事，但无可否认的是，该井在历史上曾是当地居民的重要水源之一。

据推测，亚婆井可能建于明朝时期，但具体年代已无从考证。井的周围逐渐形成了居民区，这一带也因此被称为"亚婆井前地"。在过去，亚婆井的泉水清澈甘甜，为周边居民提供了宝贵的生活用水。然而，随着城市的发展和自来水的普及，亚婆井的泉水逐渐失去了其实际作用，并被封闭起来。尽管如此，亚婆井作为澳门半岛的一处历史地标，仍然具有重要的文化价值。

在亚婆井斜巷尽头的高地上，现在有一个水泉造景供游客留影。虽然这个造景并非古水源之处，但它仍然承载着亚婆井的历史记忆和文化传承。如今，亚婆井的名字仍然被广为人知，并且与一首民谣紧密相连。这首民谣传诵着亚婆井的历史和故事，让更多的人了解和铭记这一处具有深厚文化底蕴的历史遗迹。同时，亚婆井也成了澳门半岛旅游业的一部分，吸引着众多游客前来参观和探寻其历史背景。

廉泉古井

地点：广西壮族自治区北海市

年代：初建于明朝年间，距今已有几百年

背景：廉泉古井位于广西壮族自治区北海市，是一座承载着深厚历史底蕴的古迹。该井初建于明朝年间，历经数百年的风雨洗礼，见证了北海市及周边地区的沧桑巨变。井水源远流长，清澈透明，自古以来便为当地村民提供了宝贵的生活用水，是村民们赖以生存的重要资源。

在廉泉古井的发展历程中，它逐渐成了横路山村的重要象征和廉政教育的载体。村民们对古井怀有深厚的感情，他们不仅珍视古井所提供的实用功能，更将其视为传承良好家风、培育廉洁品质的重要场所。村民们谨守"以井育人、以人护井"的行为规则，通过古井这一载体，将廉洁自律的精神代代相传。

1924年（民国十三年），为了保存古井的历史记忆，村民们重新为古井立碑。尽管碑面历经百年风雨，所刻碑文已难以辨认，但横路山村人一直延续着良好的乡风，将古井视为精神象征，并加以悉心保护。

随着社会的发展，自来水逐渐取代了古井打水的传统，但横路山村人依然珍视古井的历史价值和文化意义。2014年，村委、生产队、村民及周边企业自发筹资对廉泉古井进行修缮，以保护这一重要文化遗产。2016年，廉泉古井被列为"北海市文物点"，2017年更是被北海市列为党风廉政教育示范点，成为当地廉政教育和文化传承的重要场所。廉泉古井不仅承载着历史记忆，更在新时代焕发出新的生机与活力，为北海市的文化建设和廉政教育贡献着力量。

石景山古井

地点：北京市石景山区古建群东天门北侧约20米处柏油路旁

年代：明代

背景：石景山古井现由铁栏围护，井口设计为双眼式，基本与路面保持同一高度，其上覆盖有一块砂石盖板，盖板上开凿有两个直径约30厘米的孔眼。两个井口的直径也各约为30厘米，而整座井筒的直径则达到约2米。井口上架设的辘轳暗示着这口井曾是依赖畜力进行提水的重要水源。古井周围，茂密的杂

向地球深部进军——从里耶古井到羊八井能源新纪元

图 9.1　石景山古井遗址全貌

图 9.2　石景山古井

草与青蔓枝叶交织在一起,将井口遮掩得若隐若现,深邃难测,如同其悠久的历史一样充满神秘。这口古老的井不仅承载了过去的岁月,还深深地将根扎在了石景山之中。如今,古井成了考证石景山悠久人文历史的重要依据之一。

从地理位置来看,它很可能是碧霞元君庙古建筑群落中僧侣们日常生活用水的主要来源。然而,在 20 世纪 50 年代,因修建水池的需要,古井一度被掩埋于地下。幸运的是,在 80 年代的一次施工过程中,古井被重新发掘出来,并得到了妥善的保护。1983 年 8 月 27 日,石景山古井被正式公布为石景山区文物保护单位,这不仅是对古井价值的肯定,更是对石景山悠久历史文化的传承与弘扬。如今,这口古井已成为人们探寻石景山历史、感受古代文明魅力的重要景点之一。

图 9.3　石景山古井保护单位牌

圣母池

地点：广西壮族自治区桂林市

年代：明朝

背景：圣母池位于桂林，其历史可追溯至明朝。池口设计为八角形，由八块规整的料石砌成，每块料石宽1.12米，高0.73米，料石之间以花苞顶石方柱进行联结。井栏的南、北、西南、西北面刻有浮雕图案，包括云纹、奔鹿、戏水鸳鸯、象和奔马等，展现出精细的工艺水平。此外，东南、西南和南面方柱上留有嘉靖七年（1528年）重修时的阴刻题记，内容为"东圈街阁街募捐重修圣母池，戊子年立。"

圣母池深约7米，直径为2.3米，其结构分为三层：八面、四面和圆面。在八面和四面两层的井壁上，雕刻有立姿造像龛，每个龛内包含3尊秉笏文臣像和1尊金刚像，这些雕像形象生动，富有艺术价值。池底为圆形，中央嵌有一枚石刻四孔金钱泉眼，泉水源源不断地从泉眼涌出，赋予了圣母池生机与活力。

作为桂林历史上的四大名池之一，圣母池不仅具有深厚的文化底蕴，还承载着当地人的历史记忆。1986年，桂林市对圣母池进行了清理工作，以确保其得到妥善的保护。1987年，圣母池被公布为桂林市文物保护单位，进一步体现了其重要的历史和文化价值。

仙人古井

地点：广西壮族自治区贺州市昭平县黄姚古镇中

年代：始建于明朝万历年间

背景：仙人古井是黄姚古镇的著名景点之一，以其独特的自然景观和历史文化价值吸引着众多游客。这口古井的泉水常年翻腾而涌，无论干旱还是洪涝，其水量和水质都保持恒定不变，展现出大自然的神奇魅力。古井的结构精巧，分为多个功能区，如饮用池、洗菜池和洗衣池等，这些区域通过合理的布局和精心的设计，既满足了古镇居民的日常需求，又体现了人与自然的和谐共生。

作为黄姚古镇的重要历史遗产，仙人古井见证了古镇的兴衰变迁和人们的日常生活。其泉水清澈甘甜，成为古镇居民世代饮用的宝贵资源。同时，古井也承载着丰富的文化内涵和民俗传统，是古镇文化的重要组成部分。如今，仙人古井已成为游客们了解黄姚古镇历史文化和自然风光的重要窗口之一。

十八梯古井

地点：重庆市渝中区十八梯

年代：明朝

背景：历来，十八梯便是重庆市渝中区上下半城之间的主要连接通道，它如同一条纽带，将南纪门、紫金门等繁华地带与上半城紧密相连。十八梯全路由石阶铺就，从长江之畔蜿蜒而上，直至解放碑脚下，其路既长且陡，沿途共有十八级台地，宛如一架气势恢宏的巨梯，悬挂在悬崖峭壁之上。巨梯周边"因山建市，街道极错落之能事"，形成了充满山城浓郁传统特色的"七街六巷"的街巷格局。在明朝时期，因总镇官署、守备军营、右营都司署等军事中心的存在，十八梯一带逐渐发展成为军需供应区、医疗与高级消费区，吸引了众多官员、富商、文人墨客前来定居。其中，康熙年间重庆镇总兵韩成的府邸便在十八梯一带，成了当时显赫一时的权力象征。

然而，随着时间的流逝，十八梯逐渐失去了往日的光辉，变得破败不堪。为了重振十八梯的历史风貌，当地政府启动了改造工程。在改造过程中，取十八梯因古井得名的线索，创意性地复原了古井景观，将其打造成一个人文艺术广场。古井周围，绿树成荫，花香四溢，成了市民休闲、游览的好去处。

武威市雷台古井

地点：甘肃省武威雷台汉墓进口处北侧

年代：据清乾隆三年所立《雷台观碑记》记载，雷台观修建于明天顺年间，距今500多年

背景：雷台是古代祭祀雷神的地方，因在一块10米高的夯土堆上建有雷祖观而得名，数百年来香火不绝。1969年9月的一天，武威县（今凉州区）群众在此挖防空洞时发现了古墓，出土了文物珍宝"马踏飞燕"。据出土的马俑胸前铭文记载，雷台汉墓系"守张掖长张君"之墓，建于东汉晚期（186年至219年）。古井位于雷台东南角，距墓道入口2米处，贯穿了整个夯土层，与墓道相邻，一直修到古墓中。古井深12.8米，是用典型的汉代古薄砖砌成。底部以"人字形"方式

砌成,在我国考古中也不多见。据考证,这口古井到 20 世纪 90 年代中期才逐渐干涸。

古井结构造型独特,这是一口用砖堆砌而成的井,砖与砖之间没有使用任何粘合材料,经历了 1000 多年的历史,井壁的砖大部分已经严重风化,只有井底的部分壁砖仍保存良好。它并不是一口垂直的井,开口处直径 0.95 米,井底直径 0.86 米,而井中部的直径达 1.15 米,古井整体呈腰鼓状。

神乐观醴泉井

地点:原址为秦淮区月牙湖街道光华路石门坎观门口,现井栏在朝天宫南京市博物馆内展示

年代:明代

背景:神乐观醴泉井的醴泉碑立于明永乐五年(1407 年),此井的泉水在明代洪武、建文、永乐三朝天坛祭天时被用作净水。醴泉井原址位于秦淮区月牙湖街道光华路石门坎的神乐观遗址内。1982 年,与这口六角井栏一同出土的,还有一座石碑,碑额为"瑞应醴泉之碑"六个篆书大字,现存放于白马石刻公园内。

图 9.4　醴泉井

图 9.5 醴泉井的井栏

醴泉井井栏呈六角鼓形,腹部微微凸出,设计独特。井栏的每一面都雕刻有精美的花纹,其中三面为双龙纹,三面为双凤纹,两者间隔排列,形成了和谐而富有韵律感的视觉效果。此外,每一面的龙凤纹周围都饰有卷叶纹,线条优美流畅,展现了高超的雕刻技艺。在井栏壁的上部平面,也等分为六个框,每个框内都镌刻了一组鹤类瑞禽图案,虽然因风化而有所磨灭,但仍能窥见其昔日的精美与辉煌。

如今,醴泉井的井栏已成为南京市博物馆内的重要展品,吸引着无数游客和学者前来观赏和研究,它不仅是明代祭天仪式的重要见证,也是南京历史文化的重要载体。

老北市井

地点:辽宁省沈阳市和平区

年代:根据《辽宁省志·沈阳市志·水利志》记载,沈阳老北市井始建于明朝,距今已有几百年的历史

背景:井深 10 多米,井口直径约 2.5 米,水位高度一般在井口以下 6 米左右。在清朝时期,老北市井的水质以其纯净甘冽而声名远扬,甚至被誉为"天下第一井水",这一美誉至今仍为后人所传颂。该井坐落于现今市府大路的东北角,而在清朝时期,它则位于繁华的"十间房"西侧。这里最初是修缮黄寺的工匠们的聚居地,起初仅有寥寥十余户人家,但随着时间的推移,这里逐渐繁荣兴盛

起来。随着北市场的开辟,数十家茶馆如雨后春笋般涌现,而这些茶馆所用的水源,无一例外地取自老北市井。这口井不仅见证了沈阳城的历史变迁,更成了当地人生活的重要组成部分。

在新中国成立前,老北市井曾是提水井和辘轳井,人们通过传统的方式提取井水以满足日常所需。后来,随着科技的进步和城市化的发展,这口井被改造成了压力井,并最终接入了自来水系统,老井也因此逐渐退出了历史的舞台。然而,老北市井在沈阳人心中的地位从未改变。《沈阳百咏》中有诗记道:"檐下招牌挂外壶,腾腾汤火漾红炉。吃茶人爱江心水,会向春风小市沽。"诗中描绘了茶馆外悬挂着招牌和茶壶的热闹场景,而所谓的"江心水、顶上茶",则是旧时茶馆或茶叶铺常见的广告用语。其实,"卖外壶"所卖的只是沏茶的开水,而这些开水多是从老北市井中精心提取的。由此可见,老北市井的水质之优、口感之佳,确实深受老沈阳人的喜爱和推崇。

图 9.6　八王寺井全貌

八王寺井

地点:沈阳市大东区边墙路 112 号

年代:创建于 1415 年(明永乐十三年),重修于 1638 年(清崇德三年)

明朝时期的井　第九章

背景: 八王寺,历史上称为大法寺,始建于明永乐十三年,占地面积达三十余亩,是沈阳地区著名的古刹之一,拥有丰富的历史文化底蕴。该寺因清太祖努尔哈赤之子阿济格的历史渊源而得名八王寺。八王寺内有一口井,即八王寺井,以其水质甘洌、清澈透明而著称。据《沈阳县志》记载,康熙皇帝东巡时,对水质有着极高的要求。他曾命人从京师运来玉泉水,但由于长途运输可能带来的水质问题,康熙皇帝选择了八王寺的井水作为辅助,用以提升和保持玉泉水的清澈度。将玉泉水与八王寺井水混合,并用适当方式搅动,使得玉泉水能够保持其原有的清澈透亮,这种混合后的水成了康熙皇帝的御用之水。在盛京(今沈阳)地区,八王寺井的水质同样受到了百姓的广泛赞誉。无论是制作豆腐还是烹茶煮酒,人们都喜欢选用八王寺的井水,因为其水质优良,能够显著提升食品的口感和品质。许多店铺甚至以此为卖点,挂上了"八王寺好甜水"的招牌,吸引食客前来品尝。这些记载充分展示了八王寺井水质之优良,以及它在当时人们日常生活中的重要地位。

图 9.7　八王寺井周围的石碑

向地球深部进军 ——从里耶古井到羊八井能源新纪元

图 9.8　八王寺井旁的铭牌

枣庄市车庄古井

地点： 山东省枣庄市峄城区吴林街道车庄村

年代： 始建于明朝洪武年间，至今已有 600 多年的历史

背景： 车庄古井水质清澈洁净，甘甜可口，富含锶、钙、钾、钠、镁等多种矿物质，是优质的饮用水源，饮用此水具有保健效果，此具有保健效果。在豆制品制作中使用此水，还能起到养颜美容的作用。

2011 年车庄村进行整体搬迁后，为保护这口具有历史意义的古井，2015 年车庄村对其进行了整修，并树立石碑以加强保护。目前，车庄古井仍然为车庄村的 800 多名居民提供饮用水，并发挥着灌溉等功能，为车庄村的新农村建设提供了重要的水源支持。

渭南市蒲城考院古井

地点： 陕西省渭南市蒲城县城关镇东槐院巷 17 号

年代： 中国国家文物局资料显示，该井始建于明朝万历年间

背景： 蒲城县清代考院博物馆，作为昔日秀才科考的圣地，不仅见证了无数学子十年寒窗的辛勤耕耘与最终金榜题名的辉煌时刻，更是承载着深厚文化底蕴与历史情感的重要遗迹。这处保存最为完好的考院，不仅对于中国古代科举

制度的传承与发扬具有不可替代的价值,同时也激励着当代学子以史为鉴,珍惜学习机会,勇于追求梦想。

考院内的"浴室院",位于西官厅西侧的一片狭长地带,布局紧凑而有序。一排十间的拱房内,南北两面设有流水槽,大门朝南开启,整体院落东西宽 29.8 米,南北长 6.5 米,显得既宽敞又实用。其中,西头的一间特别设计为"井房",内藏一口历经沧桑的古井。这口古井与紧邻的六间"浴房"共同构成了考生考前准备的重要区域。在古代科举考试中,考生需在此沐浴洁身,既是为了方便监考官严格检查衣物和身体,确保考试的公平公正,避免夹带作弊行为的发生,同时也是对儒家先师孔子的一种崇敬与尊重,寓意着以纯洁之心面对科举这一神圣的人生考验。这样的传统习俗,不仅体现了古代科举制度的严谨性,也蕴含了对考生品德修养的严格要求。

自贡市燊海井

地点:四川省自贡市大安区大安街 289 号

年代:据燊海井遗址的考古发掘报告和文献记载,燊海井的开采历史可以追溯到明朝,也有研究称它可以追溯到元朝

背景:自贡燊海井,作为人类钻井技术史上的一个里程碑,不仅是世界上第一口超千米深的盐井,更是自贡地区乃至中国盐业发展史上的璀璨明珠。其开采历史,历经明朝的萌芽,至清代乾隆、嘉庆年间,达到了前所未有的辉煌顶峰。自贡,这片古老的土地,自古以来便是石油、盐与煤等自然资源的宝库,而燊海井的崛起,无疑为这片土地的经济发展注入了强劲的动力,成了推动区域繁荣的重要引擎。

燊海井的开采与加工,不仅是一项技术活,更是一门艺术,它构建了一条从采掘到运输、从粉碎到洗选再到制造与销售的完整产业链。在这条产业链上,自贡人民以勤劳与智慧,积累了世代相传的精湛技艺与丰富经验,铸就了独特的盐业文化与传统。这些技艺与文化,如同璀璨的星辰,照亮了自贡盐业的发展之路,让燊海井成了"中国硅化木文化摇篮",还是"钾长石之乡"的骄傲象征。

此外,燊海井还承载着深厚的历史文化底蕴,它见证了自贡盐业从手工开采到机械化生产的转变,记录了无数盐工们的辛勤汗水与智慧结晶。如今,燊海井不仅是自贡盐业发展的历史见证,更是中华民族工业文明的重要遗产,它以其独

向地球深部进军 ——从里耶古井到羊八井能源新纪元

特的魅力,吸引着世界各地的游客前来探寻与体验,成了传承与弘扬中华优秀传统文化的重要窗口。

吐尔坎儿孜

地点: 新疆维吾尔自治区吐鲁番市恰特卡勒乡庄子村

年代: 1520年挖成,现有500多年历史

背景: 坎儿井的历史渊源,可追溯至西汉时期,与中华民族的边疆开发与水利建设紧密相连。为抵御匈奴侵扰,汉武帝毅然决策,向西域广袤之地进军,推行移民实边、修渠屯田等重大国策,极大地推动了西北地区的水利建设。《汉书·西域传》中即有记载,宣帝年间,汉王朝派遣破羌将军辛武贤,统率一万五千精兵抵达敦煌,并派遣使者实地考察地形,着手开凿"卑鞮侯井"以西的水渠,意图通过灌溉转运粮食,储备军需,为征讨匈奴做好充分准备。文献所述"大井六,通渠也,下流涌出,在白龙堆东土山下",生动描绘了当时井下通渠引水的先进技术,这无疑是坎儿井的原始形态。

图9.9 坎儿井

《史记·河渠志》进一步揭示了汉武帝时期另一项水利壮举——引洛工程，其中详细记述了穿越商颜山时的艰难与挑战。为避免明沟开挖导致的塌方，工程团队创造性地采用了竖井开凿法，深挖至四十余丈，井下相互联通，形成水渠。这一"井渠之生自此始"的壮举，不仅展现了汉代掘井技术的卓越成就，更为后世坎儿井的修建提供了宝贵的经验与技术基础。尤为值得一提的是，汉代的井渠技术在西域地区得到了广泛的应用与传承。三国时期，孟康对"卑鞮侯井"的注释，更是明确了六井相通的暗渠结构，即凿竖井六个，井底相互联通形成暗渠，泉水自井下涌出，灌溉农田。这一技术，历经千年的发展与完善，最终演化为今天我们所见的坎儿井。

坎儿井，作为中国古代三大工程之一，与万里长城、京杭大运河齐名，它不仅是中国古代水利智慧的结晶，更是中华民族坚韧不拔、勇于探索精神的象征。吐尔，维吾尔语，烽火台之意。吐尔坎儿孜全长 3.5 公里，日水量可浇 20 亩地，作为坎儿井家族中的一员，以其独特的地理位置与历史价值，静静地诉说着这片土地上的古老故事，见证了中华民族与自然环境和谐共生的智慧与勇气。

红河哈尼族彝族自治州建水古井

地点： 云南省红河哈尼族彝族自治州建水县临安镇西门西正街旁

年代： 据《建水县志》，建水古井建于明代洪武年间

背景： 建水古井是建水乃至云南最负盛名的一口井。大板井的"大"是名不虚传，井栏由六块石板镶嵌而成，井口直径三米有余。至今仍然人来人往、车水马龙，井水冬暖夏凉，甘甜润口。

建水的水井很出名，不但数目众多，而且造型独特，五花八门。有人曾用一副对联描述建水的六大名井：龙井红井诸葛井，醴泉渊泉溥博泉。建水的井奇在一个"古"字，有自元初开凿至今还在使用的东井，有筑于明代洪武年间志书称之"供全城之饮"的西门大板井。历经了千年的沧桑岁月，青石井栏上的绳索印痕已深多寸，有些甚至已被磨穿。古井不但记载着建水的历史，同时也是古城儒家文化兴盛的印证。

郭婆井

地点：浙江省杭州市

年代：明代

背景：一井十眼的郭婆井是杭州的著名古井，不仅历史悠久，水质也十分出众，曾与虎跑泉、龙井、玉泉、吴山泉等五泉并称为"杭州圣水"。郭婆井得名有两种说法，其一为古井由不知何年何名的郭婆婆所造，后因井水清洌，造福四方，明《万历府志》载："郭婆井在铁冶岭北，酿酒煮药者多取之"，后人便以郭婆为名。

第十章　清朝、民国时期的井

清朝(1636年—1912年),是中国历史上最后一个封建王朝,共传十二帝。从努尔哈赤建立后金起,总计296年,从清兵入关,建立全国性政权算起为268年。中华民国(1912年—1949年),是从清朝灭亡至中华人民共和国建立的时期。本章介绍了清朝民国时期的典型古井。

三眼井

地点:安徽省黄山市歙县

年代:清代

背景:三眼井,是徽州地区古老水文化的生动见证,其历史可追溯至清乾隆年间。井身以敦厚质朴的石材砌成,井圈坚实而古朴,其中两口井圈因岁月侵蚀而出现了裂痕,后人便巧妙地以铁条加固,既保留了古井的原貌,又确保了其继续使用的安全性。

在古徽州,名门望族林立,大户人家为了彰显身份与地位,往往会在自家宅邸内开凿家井,作为日常生活用水的主要来源。然而,在这些家族内部,尤其是大家庭中,姑嫂妯娌之间因取水而引发矛盾时有发生。为了避免这类家庭纷争,智慧的徽州人创新性地在一口大井上设置了多个井圈,让家族成员从各自不同的井圈内取水,既保证了用水的便利,又巧妙地实现了以"分"促"和"的家庭和谐之道。这一做法后来逐渐被推广到公用井中,成了徽州地区独特的井文化现象。

天星井群

地点:重庆市合川区中部天星老街

年代：天星老街始建于清朝康熙年间，三星井于同时代开挖

背景：天星老街曾是前往南充、广安的古道官方驿站，并在清朝同治年间发展成为具有四街八巷、人口众多、商贸繁荣的货物集散地。与依赖水路发展的老街不同，天星老街是依靠陆路发展起来的场镇之一，且发展较好。老街内有一座建造于清朝乾隆年间的古桥，桥墩上装饰有龙头。古桥旁的三口古井实际上是一口井，底下相互连接，仅在上方开设三个井口，形成独特的井群景观。井水清凉可口、甜味有加、清澈见底，是附近村民的重要饮水源。

三口井因其独特的布局和位置，远看如同天上的星星，因此被称为"天星井"。随后，在井旁建成的古桥被称为"天星桥"，随着居民聚集，逐渐形成了街道，这条街道也被称为"天星街"。天星桥头还保留有一栋古宅，原为当地村民修建的庙宇，与古桥、古井、古街共同构成了天星老街的历史风貌。

大井头区域水井

地点：澳门水坑尾街由天神巷口至白马行口一段

年代：清朝

背景：大井头，作为澳门历史上赫赫有名的古井，其水源充沛且水质清澈甘冽，自古以来便是周边居民生活用水的重要来源。这口井不仅滋养了一代又一代的澳门人，更成了社区生活中不可或缺的一部分。井旁，居民们依井而居，形成了紧密和谐的邻里关系，共同编织着属于这片土地的记忆与温情。

在清朝时期，大井头不仅是一口供人饮用的水井，还承载着更为深远的社会功能。在那个时代，水井成了划分地域的重要标志，凡是在水井附近的住户，其门牌上都会特别标注一个"井"字，这不仅方便了居民之间的日常交往，更在紧急情况下，如火灾发生时，为消防员提供了快速定位水源的关键信息，从而有效地保护了社区的安全。

大井头还见证了澳门社会的变迁与发展。从最初的简陋井台，到后来逐渐形成的井边集市，再到如今成为历史文化景点的一部分，大井头以其独特的历史价值和文化内涵，吸引着无数游客前来探访，成了连接过去与现在、传承与发扬澳门文化的重要桥梁。

茨林围水井

地点：澳门半岛茨林围地区

年代：十七世纪

背景：茨林围的水井，其历史可追溯至十七世纪，是澳门半岛上一项重要的民生设施。该水井规模宏大，直径竟达十二尺之宽，堪称当时澳门之最，不仅满足了周边居民的饮水需求，更成了该地区不可或缺的生活地标。历经数百年的风雨洗礼，茨林围水井依旧默默矗立，以其古朴的风貌，诉说着往昔的故事，承载着澳门人民对于历史与文化的深情记忆。

在十七世纪的澳门，水资源相对匮乏，茨林围水井的开挖无疑为当地居民带来了极大的便利。它不仅解决了人们的饮水难题，还促进了周边社区的发展，成了连接邻里情感的纽带。水井周围逐渐形成了繁华的市集，居民们在此交流互动，共同构建了和谐美好的社区生活。随着时间的推移，茨林围水井逐渐融入了澳门的历史与文化之中，成了这座城市不可或缺的一部分。

河北龙崩井

地点：河北省邯郸市丛台区三陵乡黄窑村的老街

年代：清朝乾隆年间

背景：据《邯郸县志》记载，龙崩井（又称裂石井）位于黄窑村，与西山紫峰相近。清朝乾隆年间，邯郸地区遭遇严重干旱，黄窑村因其地质特点（多紫灰砂岩，土层薄，涵养水分能力差）而深受其害，庄稼枯死，水井干涸。某日，天气突变，乌云密布，电闪雷鸣，随后发生了一次强烈的地表开裂，导致当街河沟北侧出现一条大裂缝，水从中涌出。村民们随后搬运砖石，将裂缝修砌成井口状，形成了现在的龙崩井。如今，龙崩井保存完好，井水清澈甘甜，仍然是黄窑村畜牧用水的主要水源之一。

密云范公井

地点：北京市密云区西北部的西田各庄镇小石尖村

年代：清朝

背景：小石尖村，一个历史悠久而充满故事的村落，原名"小十家"，后因人口增长更名为"小石尖"。在清朝时期，该村面临严峻的饮水问题，村民们需长途跋涉至十几里外取水，生活极为不便。为解决这一难题，村民们团结一致，共同商议并捐资打井。然而，工程进展并不顺利，因遇到坚硬的岩石层，历经三年艰辛努力，井中仍未有水涌出。康熙五十年，在村民们的持续努力与多方协助下，井中终于成功出水，极大地改善了村民们的饮水条件。为纪念这一重要事件，村民们特地立碑记录，详细叙述了打井的艰辛过程及参与捐资的官员名单，包括兵部尚书范承勋、遵化营游府赵某、内阁侍读常某、本县正堂陈某、陕西布政使鄂某、石塘营千总吕某等。

如今，密云范公井不仅是当地重要的历史遗迹，更是村民们饮水思源、铭记历史的重要象征。它见证了村民们团结互助、克服自然困难的精神，同时也承载着村民们对美好生活的向往与追求。

八斗古井

地点：广东省广州市帽峰山附近

年代：清康熙年间。

背景：八斗古井坐落于帽峰山南部丘陵区域，紧邻兴大三路北侧路边，又称"望庐井"。八斗古井的历史可追溯至清康熙年间，由八斗村始祖自永安清溪白石迁徙至广州定居时所挖掘。井口呈正方形，采用花岗岩石构筑井壁与井底，井水终年长流不断，清澈甘凉，冬暖夏凉，在很长一段时间为村民用水主要来源。

随着时代的发展，八斗村虽已接通自来水，但村民们依然保留着七夕节前往八斗古井取水的传统习俗。这一习俗不仅体现了对古老生活方式的怀念与尊重，也彰显了村民们对自然恩赐的珍视与感激。即便在现代生活条件的映衬下，八斗古井依然以其独特的魅力，成为连接过去与现在、传统与现代的重要纽带。

吉林廉泉古井

地点：吉林省吉林市北山九龙门

年代：1917 年

背景：廉泉古井，是吉林市北山的重要文化景观，于 2013 年被吉林市人民政府确定为吉林市重点文物保护单位,同时也是吉林市北山新八景之一。该井建于1917年,采用花岗岩石条砌筑而成,为双眼井结构。井台基长4米,宽3米,东西两侧各竖有1米高的石柱,上横一条粗大的石梁。石梁上正面刻"廉泉让水",背面刻"中华民国六年十一月二十立",两侧石柱上分别刻有"北岭生甘醴""南江是远源"的字样。廉泉、让水原为两条河水之名,后因一则典故被赋予了廉洁的寓意,进而演绎为风土习俗淳美的象征。廉泉古井作为这一文化象征的载体,不仅展示了吉林北山的自然美景,也承载着当地人民对廉洁、节俭和礼仪的崇尚与追求。井旁还有一名为廉泉亭的凉亭,与北山德碑林彼此呼应,成为北山的一处小风光。不少人喜欢在井旁的石阶和凉亭休憩。

图 10.1　廉泉古井遗址全貌

图 10.2　廉泉古井保护单位牌

图 10.3　廉泉古石旁的铭牌

清朝、民国时期的井　第十章

图 10.4　廉泉古井旁的石刻

图 10.5　廉泉亭

113

木轱辘井

地点：黑龙江省黑河市爱辉区

年代：清朝

背景：木轱辘井是清朝康熙年间为解决当地人民饮水问题而修建的一口古井。该井位于黑河市爱辉区内一个山丘的山腰处，井口虽小，直径仅约一米，井深却达到了约60米，是当时该地区最深的水井之一。木轱辘井的井水冬暖夏凉，且水质清澈纯净，自古以来便是当地民众珍视的宝贵水源。目前，木轱辘井已经被列为黑龙江省文物保护单位，得到了妥善的保护与传承。井边矗立着一座古色古香的井房，周围绿树成荫，环境幽雅，成了吸引游客驻足观赏、感受历史韵味的重要景点。

忻州市大观音井

地点：山西省忻州市五台山东南部，距离五台山主峰玉皇顶不远

年代：清代，根据《五台山志》和《大观音井记》等相关资料记载，大观音井最初是由当地居民和僧侣共同修建而成的，经过多次修缮和扩建，如今仍然保存完好

背景：清代，五台山地处偏远，越来越多的僧侣、信徒以及前来朝拜的游客需要用水，但因为地下水资源有限，人们开始修建水井来获取地下水源。而大观音井正是在这种背景下建造而成的。

大观音井最初建于清代，深度达到230余米，是当时中国第二深的井（仅次于北京的凤凰岭井）。大观音井在当地有着重要的宗教和文化意义，也是中国古代水利工程技术和文化传统的重要代表之一。

老龙口井

地点：辽宁省沈阳市小东门外

年代：康熙元年

背景：老龙口井地处"龙城之口"，故名老龙口。该井深达百米，位于长白山

余脉与辽河冲积平原的过渡地带,地势高敞,水源充沛。井水为矿泉水质,含有丰富的矿物质及微量成分,为酿酒提供了优越的自然条件。老龙口酒厂,其前身为创建于康熙元年的义隆泉(后改称万隆泉)烧锅,就坐落在老龙口井附近。得益于井水的优质,老龙口酒形成了"浓头酱尾,绵甜醇厚"的独特风格,并因此受到了清朝康熙、乾隆、嘉庆、道光等皇帝的青睐,被誉为"大清贡酒"。这一美誉不仅彰显了老龙口酒的高品质,也反映了老龙口井在酿酒文化中的重要地位。

徐氏当铺古井

地点:上海市中山西路 368 号徐氏当铺内

年代:清中后期

背景:徐氏当铺建于清代中后期,原为徐姓家族所经营的典当行,临街而设的门厅宽敞明亮,引领着过往行人步入其后二进的当铺楼、库楼与宅楼。这些楼宇均采用硬山顶形式构建,屋顶线条流畅,配以奇小的三山屏风墙,更显古朴典雅。

自清朝同治元年(1862年)至新中国成立前夕,松江城内典当行如雨后春笋般涌现,共计 29 家,而秀野桥以西,唯独徐氏当铺独领风骚。凭借 1745 平方米的广阔面积、雄厚的资本积累以及独树一帜的经营策略,徐氏当铺在当时的松江城内声名远播,成为业界翘楚。然而,随着时光的流逝,历经一二百年风雨洗礼的徐氏当铺,在历史的长河中逐渐褪去了昔日的辉煌,变得破败不堪。

位于中山西路 368 号的徐氏当铺,作为当时建筑规模宏大的商铺之一,其前店后宅的典型格局得以完整保留,成了松江区唯一一座保存至今的古代当铺建筑。水井,这一古老的生活元素,静静地坐落于当铺的天井之中,与蓝天白云交相辉映,仿佛诉说着老宅最悠久的历史篇章。这口古井,据传为徐氏当铺初建时所凿,历经岁月沧桑,井水依旧清澈甘甜,见证了当铺的兴衰更迭,成了连接过去与现在的纽带。

2016 年,经过一番修缮,这座老宅重现往昔容貌。为确保老宅建筑的"原汁原味",修缮期间,工作人员严格按照"修旧如旧"的原则,在施工工艺上采用了难度较大的榫卯结构。建筑的横梁和木柱上没有一颗钉子,经过仔细打磨和油漆喷涂后,观者很难看出修复的痕迹。如今,徐氏当铺已变身成为"中国旅游书店",这是区文旅局携手中国旅游出版社共同打造的文旅融合新业态的初步尝试。步入这座古宅,三进七开间的布局让人仿佛置身于一个深邃的庭院之中,移步换景,别有一番韵味。精心布置的书苑内,前庭、中庭与后花园相映成趣,连廊半亭、粉墙黛瓦,构成了一幅幅优雅的画面。而位于天井中的古井,更是成了游客们驻足凝视、感受历史厚重感的焦点,让人在品味书香的同时,也能深刻体会到这座老宅所承载的丰富历史与文化内涵。

图 10.6　徐氏当铺古井

图 10.7　徐氏当铺古井俯瞰图

图 10.8　如今的徐氏当铺

银川西府井

地点：宁夏回族自治区银川市民族南街和新华西路交会处东北角

年代：乾隆十四年(1749 年)

背景：西府井，这座承载着老银川人记忆的地标，曾是这座城市不可或缺的生命之源。二十世纪五十年代至七十年代，西府井成了大半个银川老城区饮用水的主要来源。井水以其甘甜的口感而广受好评，许多居民前往西府井取水。西府井不仅以其丰富的水源和优良的水质满足了周边居民的饮水需求，更在无形中催生了一个繁荣的水务市场，为当地官府和富人提供送水服务。

1958 年，随着银川市自来水厂的建成投产，西府井迎来了新的使命。它成了该市开凿的第一眼深水井，并配套建立了相应的水厂，继续为银川的供水事业贡献力量。然而，随着城市化进程的加速和自来水的普及，西府井逐渐淡出了人们的视线。到了 1998 年前后，这座曾经辉煌一时的古井完成了其历史使命，被悄然掩埋于地下。如今，漫步在银川的街头巷尾，已难觅西府井的踪迹。但在其原址附近，一座现代化的西府井饭店拔地而起，成了新的城市地标。虽然西府井本身已不复存在，但关于它的故事和传说仍在当地流传，成了银川人心中一份珍贵的记忆。

变色龙水井

地点：山东省菏泽市鄄城县杜阁村东西街南 30 米

年代：始建于清代顺治年间，至今已有 300 多年

背景：变色龙水井是一口具有悠久历史的古井，位于杜阁村内。据记载，该井的井水因自然条件（如风向等）的影响，可能会呈现出不同的颜色变化，这一自然现象增添了其神秘色彩。几百年来，这口古井一直是杜阁村村民的主要生产生活水源，养育了数代人，因此被村民亲切地称为"母亲井"。

古井的水质优良，用于制作豆腐时，能产出色泽光亮洁白且水分少的豆腐；用于酿酒时，能酿出味醇爽口、甘甜怡人的佳酿。此外，村民还相信古井的水具有治愈痢疾的功效，常喝可以强身健体、益寿延年。因此，每年正月十五之前，村民都会用碗盆装水，系上红绳后投入井中，以祈求辟邪去灾、祛病延年、岁岁平安，这一风俗一直延续至今。

尽管在 1978 年后，随着自来水的普及，村民逐渐不再饮用此井的水，但古井至今仍保存完好，井底仍有活水。村民们对古井怀有深厚的感情，并希望未来能够重新清理疏通，再次饮用上甘甜的井水。

砚水湖

地点：天津市蓟州区鼓楼北大街西侧蓟州文庙西南角

年代：清朝乾隆时期

背景：蓟州文庙始建于唐，是县级文物保护单位，坐落在鼓楼北大街西侧。它以独乐寺为中心，以武定街为中轴线，与鲁班庙东西相邻，共同构成了庄重而古朴的古建筑群。文庙占地 2000 余平方米，其建筑规格在州级文庙中堪称翘楚。2013 年 1 月，蓟州文庙凭借其深厚的历史底蕴和独特的建筑风貌，被评为天津市人民政府第四批文物保护单位。

在蓟州文庙院内西南角有一口古井，名叫"砚水湖"。据传，此井开凿于清朝

乾隆时期,井水清澈如镜,水质甘冽,犹如一方天然的砚池,故得名"砚水湖"。井旁常设有石砚与笔架,供过往文人墨客取水磨墨,挥毫泼墨,留下了无数脍炙人口的诗篇与佳作。这口古井不仅为文庙增添了一份雅致与静谧,更成了蓟州文化的重要象征,承载着无数文人学士对知识的渴求与对文化的传承。

岁月流转,砚水湖静静地守候在文庙的一隅,见证了无数求知若渴的学子在此求学问道,也见证了蓟州文化的繁荣与发展。如今,它已成为游客们探寻蓟州历史、感受文化底蕴的必访之地,让人在品味古老井水的同时,也能深刻体会到那份对知识的尊重与对文化的敬仰。

米依木·巴依坎儿井

地点: 新疆维吾尔自治区吐鲁番市高昌区亚尔镇亚尔村

年代: 开挖于清代

背景: 米依木·巴依坎儿井,作为吐鲁番地区坎儿井文化的杰出代表,其源自塔尔朗水系,属于典型的戈壁坎类型。该井呈南北走向,首部井深达 75 米,显示了古代维吾尔人民卓越的水利工程技术。其全长 11000 米,覆盖约 1.1 万平方米的广阔区域。共有竖井 440 眼,深约 10 米,流量为 79.4 L/s,历史最大流量为 92.6 L/s,保存状况较好,体现了古代水利工程的精妙与持久。现依托 4 座竖井、暗渠等设施建为坎儿井乐园。

坎儿井地下水利工程,作为新疆特有的水利设施,巧妙地利用地下水通过地下渠道引出地面,灌溉农田,由竖井、暗渠、明渠和水塘(涝坝)四部分组成。这一古老而智慧的水利系统始建于汉代,至清代达到开凿数量的巅峰,被誉为"地下大运河"。新疆地区现存坎儿井总数超过 1540 道,总长度超过 5000 多公里,其中吐鲁番市以 1108 道坎儿井的数量占据主导地位,哈密盆地也是坎儿井集中分布的区域之一。

米依木·巴依坎儿井不仅是吐鲁番地区众多坎儿井中的一颗璀璨明珠,也是全国重点文物保护单位之一,于 2006 年被列入第六批全国重点文物保护单位名录。如今,依托其独特的竖井、暗渠等设施,米依木·巴依坎儿井已被打造成为坎儿井乐园,吸引着无数游客前来探寻这一古老而神秘的水利奇迹,感受新疆独特的文化魅力与生态智慧。

龙泉井群

地点：重庆市东南部的酉阳土家族苗族自治县龙潭古镇

年代：于清道光年间砌石成井

背景：龙潭古镇保留至今的有八卦井、龙泉井、王家井等古井十余处，每一处古井群通常由三口井组成，它们不仅承载着古镇居民的日常生活用水，更是古镇历史与文化的生动见证。三口井的使用严格遵循着特定的公约，分别承担着汲水、洗菜、洗衣的功能，以确保饮用水的安全与卫生。围绕这些古井，逐渐形成了一个个小广场，成了居民们担水饮水、挥锤洗衣、纳盆洗菜等日常活动的聚集地。

位于龙潭古镇镇口的龙泉井群，尤为引人注目。它由一口六角井、一口方井和一口长方形井组成，三口井虽看似在同一平面上，实则各有其独特的功用与高度。最高的六角井，清澈甘洌，专供饮用；中间的方井，则用于洗菜洗米，水质同样优良；而最下方的长方形井，则承担着洗衣等日常生活用水的重任。三口井通过巧妙的设计相互连通，上面的井水可以自然流入下方的井池，实现了水资源的合理利用与循环。在长方形井池的边沿，还特别加长了长度，以方便更多的住户同时进行洗衣活动，展现了古镇先民在设计与利用水资源上的智慧与匠心。

时至今日，古镇上仍有不少人保持着打水的传统生活方式。他们清晨时分便来到龙泉井群，用木桶或塑料桶装满清澈的井水，无论是饮用、洗菜做饭，还是洗衣服、打扫卫生，这些井水都是他们生活中不可或缺的一部分。即便在下雨天，井水可能会变浑，但一旦天气放晴，井水便又恢复了往日的清澈与甘甜，继续滋养着古镇的每一寸土地与每一位居民。

第十一章　深部地热资源开发井

新中国成立以来,特别是改革开放和十八大以来,我国在油气资源勘探开采、深地及深海探测等领域,展现出了非凡的进取精神与卓越成就。本章将聚焦于深部地热资源开发井这一新时期井的重要角色,追溯中国地热资源开发利用的历程,并在此基础上,回顾中国地热资源开发利用井所取得的里程碑式事件。

11.1　地热资源简介

地热作为一种可再生能源和自然资源,自古以来便被人类所利用。在古代,地热的利用主要表现为直接利用,即在地下热水的天然出露点(如温泉)或地下热水流经处进行沐浴、疗养、洗涤,以及利用地下热水进行食品和产品的加工、养殖、灌溉和造纸等活动。特别是在利用地热水进行治疗方面,古代积累的经验在医学史上占有重要地位。

地热能是一种清洁、可再生、无污染的能源。在常规能源日益短缺、环境污染严重、全球气候日益受到影响的今天,地热能与太阳能、风能、海洋能等作为新能源倍受人们的关注。从狭义上说,地热能是指封闭在地球中距地表足够近的距离内,并可被经济开采的天然热能,故又称为地热资源。在地质因素的控制下,地热能会以热蒸汽、热水、干热岩等形式向地壳的某一范围聚集,如果达到可开发利用的条件,便成了具有开发意义的地热资源。目前,人们对于地热能的利用,基本上是通过开采地下热水(汽)来实现的,因为地下热水(汽)是从地球内部将地热能携带到地表的一种重要的媒介。即使是对岩浆和干热岩体的开发,也是通过人工灌注冷水,最终获得热水(汽)而加以利用的。所以说,地下热水(汽)是重要的地热能资源。同时,地热能又可作为旅游资源、医疗保健资源、水资源等进行开发利用。

地球内热的来源目前比较一致的看法是放射性元素衰变所释放的能量,另外还有重力分异热、潮汐摩擦热、化学反应热等。但在当今地球热量平衡中,后三者不占主要地位。

根据地热资源的性质和赋存状态可将其分为:水热型、地压型、干热岩型和岩浆型四类。水热型地热资源是指地下储有大量热能的蓄水层,又分为蒸汽型地热田和热水型地热田两类,是现在开发利用的主要地热资源。地压型地热资源是指以高压水的形式,储存于地表以下 2000~3000 米深的沉积盆地中,并被不透水页岩所封闭的巨大热水体。虽然生成条件不太普遍(往往在含油盆地深部),但其能量潜力巨大,而且除热能之外,它往往还贮存有甲烷之类的化学能及高压所致的机械能。干热岩型地热资源是指地下普遍存在的没有水或蒸汽的热岩石。其温度介于 150℃~650℃,热能比上述几种资源更大。岩浆型资源是指蕴藏在熔融状和半熔融状岩浆中的巨大热能,其埋藏部位最深,温度高达 600℃~1500℃。这两类属于今后大量开发利用时可加以考虑的潜在地热资源。

根据地热资源的温度,学界通常把热储温度大于 150℃者称为高温地热能,小于 150℃而大于 90℃者称为中温地热资源,小于 90℃者称为低温地热资源。

11.2　中国对地热资源开发利用的发展历程

我国地热能的大规模开发利用始于 20 世纪 70 代初。当时,一方面由于世界性(石油)能源危机,各国寻求可替代性新能源的热潮波及我国;另一方面我国著名地质学家李四光提出要大力开发地热,将地球这个"庞大热库"中蕴藏着的能量充分利用起来。由此在我国掀起了一个地热普查、勘探和开发利用的热潮。在广东丰顺、湖南灰汤、江西宜春、辽宁熊乐及河北怀来等地先后利用 67℃~92℃的地下热水建立起一批装机容量为 300~500 kW 的"实验性"地热电站。后由于效率太低,纷纷下马,目前只有始建于 1970 年 10 月的我国第一座实验性地热电站(广东丰顺)及湖南灰汤电站仍在运行。西藏自治区由于化石能源短缺,而高温地热资源却相当丰富,因此从 70 年代初即开展了距拉萨仅 90 km 的羊八井地热田的勘探开发工作,并于 1977 年 9 月建成一号试验机组(1 MW)正式投产发电。后几经扩建,目前羊八井地热电站的总装机容量为 25.18 MW,夏冬两季的发电量分别约占拉萨电网的 40% 和 60%。

中低温地热资源的开发利用始于北京、天津地区,主要用于城市供暖、工农业用热、洗浴、休闲疗养等。与此同时,华北广大农村及中小城镇都建立起一批地热温室,培植越冬蔬菜。我国东南沿海诸省如福建、广东等则利用地热水进行水产养殖。北方如河北沧州等地也有用地热水(掺和海水)冬季养殖对虾等。地热直接利用的其他方面还有印染、烘干、水稻育秧等,但规模较小。

作为新能源中的一员,地热能同太阳能、风能、生物质能一样,除个别国家之外,目前在整个能源结构中的地位可以说是微乎其微。但新能源作为一种正在快速发展中的能源,将日益发挥更大的作用。在太阳能、风能、潮汐能与地热能这几种新能源中,地热能的装机容量已超 60%,年产能值则更是高达 80%。显然,地热能乃是新能源中最为现实的能源。

11.3　中国地热资源开发利用井的里程碑

图 11.1　1970 年刚建成的丰顺地热发电站

中国第一座实验性地热电站——广东丰顺地热电站

丰顺县地热水资源十分丰富,素有"九汤十八礤"之称,分布广、储量大、水温

向地球深部进军——从里耶古井到羊八井能源新纪元

高、水质好、易开采。丰顺地热电站是我国第一座地热发电试验电站,建于广东省梅州市丰顺县汤坑镇邓屋村。国外最早以邓屋村标记在世界地热资源和利用分布图中。汤南水热区总面积 0.8 km^2,水温 91 ℃,地下热水总储量每日 9400 t,日流量 1495 t。水质为低矿化度重碳酸钠型泉水,含微量元素氡。

回溯至 1970 年 12 月,丰顺地热电站迎来了历史性的时刻——第一台 86 千瓦闪蒸汽轮发电试验机组成功试车发电,这一成就标志着中国地热发电技术的初步突破。随后,在 1978 年,电站又建成了第二台以异丁烷为中间介质的双流循环试验机组。然而,由于该机组的设计未能充分适应新工质的特性,其效率极低,在夏季仅约 100 kW,实际利用功率有限。

在总结地热电站试验研究的基础上,1982 年 12 月,在广东省科委和电力局的支持下,电站决定再建一台 300 kW 的闪蒸汽轮发电机组(3 号机)。经过长时间的运行考验,该机组于 1984 年 4 月正式移交丰顺县电力部门投入生产性运行。在中国科学院广州能源研究所与电站的长期合作下,电站的管理水平不断提升,机组连续正常运行长达十年之久,与地方电网并网供电,为当地的经济建设做出了积极贡献。

图 11.2 如今修缮一新的丰顺地热发电站

丰顺地热电站的成功不仅开创了中国地热发电的先河,更为中国的地热发电事业积累了宝贵的经验,奠定了坚实的基础。此后,中国在1975年又在西藏羊八井成功建成了第二座地热发电站,进一步推动了地热发电技术的发展。然而,随着时间的推移,丰顺地热电站也面临着新的挑战。随着汤坑镇温泉旅游业的蓬勃发展,地热资源被过度开采,加之经费短缺等问题,电站的发电量逐渐减少。尽管丰顺地热电站已失去了昔日的辉煌,但它作为中国地热发电先行者的功绩将永远铭记于史册。如今,仍有众多专家和学者前来参观考察,探寻地热发电的未来之路。丰顺地热电站作为中国深部地热资源开发井的里程碑事件之一,不仅展示了中国在新能源领域的进取精神和卓越成就,更为未来的地热资源开发提供了宝贵的经验和启示。

羊八井地热电站

中国西藏地区蕴藏着丰富的地热资源,这些资源主要以中、低温地热田的形式存在。其中,羊八井地热田,位于拉萨市西北约90公里处的当雄县羊八井区,是该地区地热资源开发的璀璨明珠。该地热田东西延展约20公里,南北宽约5公里,海拔高达4300米,而其南北两侧的山峰更是巍峨耸立,海拔达到了6000至7000米。截至目前,西藏羊八井地热电站不仅是中国最大、运行时间最长的地热电站,更在全球地热发电领域占据了一席之地。该电站能够利用地下200米以内、温度低于150摄氏度的潜层中温储热资源进行发电,这一技术在全球20多个地热发电国家和地区中独树一帜。

西藏的水能资源同样丰富,为了充分利用这些资源,国家投入了大量资金进行水电和火电建设,相继建成了400多座小型水电站和火电站。然而,这些电站的运行受到季节的严重影响,特别是冬季结冰导致水电大幅减小,而火电站的运行成本又相对较高。为解决拉萨市电力供应紧缺的问题,1975年4月,国家组织相关部门和专家组成考察组,深入西藏进行实地考察。经过多方论证,专家们一致建议开发羊八井地热发电。同年9月23日,西藏正式批复并上报国务院,建议启动羊八井地热工程(简称"九·二三工程"),并明确由西南电力设计院负责电站及110 kV输电线路的设计工作。

向地球深部进军 ——从里耶古井到羊八井能源新纪元

图 11.3　西藏羊八井地热发电站

羊八井地热电站位于藏中地区，紧邻中尼公路，分南厂和北厂两部分。作为我国自主建设的首个高温地热电站，该电站的总装机容量达到了 25.15 MW。其中，首台试验机组容量为 1000 kW，采用单级扩容法热力系统，于 1977 年 10 月正式投入运行。然而，由于地热井井下结垢，热水流量减小，该机组的最大稳定出力仅为 800 kW。为了解决这一问题，科研人员成功研制出空心机械通井器，有效消除了地热井的结垢问题，使机组出力稳定在 1000 kW。随后，两台 3000 kW 机组采用双级扩容法热力系统，分别于 1981 年和 1982 年投产运行。而三、四、五期扩建工程的机组单机容量均为 3000 kW，一直满负荷稳定运行至今。

羊八井地热南厂总装机容量为 10 MW，北厂则为 15.18 MW。由于最初的 1 MW 试验机组已停产，因此目前电站的实际总装机容量为 24.18 MW。羊八井地热田属于高温湿蒸汽地热田，井口喷出的两相流体经过汽水分离后，蒸汽被用来推动汽轮机发电。

1982 年，羊八井地热电力成功并入电网，为拉萨市提供了稳定的电力供应。在此之前，拉萨市的电力供应严重短缺，仅靠一些小水电站和一个重油火电厂难以满足城区居民的照明用电需求。而羊八井地热电力的加入，彻底改变了拉萨市的供电状况，被誉为"世界屋脊上的一颗明珠"。1997 年，西藏又建成了羊卓雍湖向雅鲁藏布江泄水的水电站，进一步缓解了拉萨市日益增长的电力需求。羊八井地热电站作为中国西藏地热资源开发利用的典范，不仅展示了中国在新能源领域的科研实力和技术水平，更为全球地热发电领域提供了宝贵的经验和借鉴。

羊易地热电站

在中国西藏地区，继羊八井地热电站之后，羊易地热电站接过了地热发电的"接力棒"，成为我国自主勘探并开发的第二个高温地热田项目。其位于西藏当雄县，该地区不仅地热能资源丰富，而且太阳能资源也十分优越，为地热能及太阳能的综合开发利用提供了得天独厚的条件。羊易地热田位于羊八井地热田的西南方向约 50 公里处，交通便利，有公路直达，其直线距离拉萨市仅为 75 公里。自 1985 年至 1990 年，羊易热田投入了大量的勘探工作，共完成了 28 个深孔勘探，钻探深度介于 253 米至 1149 米之间。此外，还进行了 6 个浅层勘探孔的工作，钻探深度在 131 米至 162 米之间，累计钻探总进尺超过 2 万米。这些勘探工作为羊易地热电站的后续开发奠定了坚实的基础。

羊易地热发电站不仅是我国海拔最高的地热电站，更在技术上达到了国际先进水平，其装机容量高达 16 兆瓦。在发电技术上，羊易地热电站采用了创新性的"只取热不取水"模式，实现了发电尾水的 100% 回灌循环再利用。这一技术的运用，不仅有效提高了地热能的利用效率，还大大降低了对地下水资源的消耗和污染。据测算，羊易地热电站每年可减少二氧化碳排放 42 万吨、氮氧化合物排放 6200 吨、二氧化硫排放 1.2 万吨，同时节省标煤 11.6 万吨，具有显著的环境效益和节能效益。

在发电稳定性方面，羊易地热电站同样表现出色。在全年 8760 小时中，该电站能够稳定发电 8732 小时，仅需数小时的停电检修时间。相比之下，我国 2022 年风力发电的年均利用时间为 2259 小时，光伏发电为 1202 小时，即使是水力发电，其年均利用时间也仅在 3500 小时左右。因此，地热发电的年均利用时长是水电、风电、光伏的 2 至 7 倍，这意味着在同等装机容量的条件下，地热发电能够产生更多的电量，为电网提供更加稳定可靠的电力供应。

向地球深部进军——从里耶古井到羊八井能源新纪元

图 11.4　羊易地热发电站

自 2018 年 9 月 29 日投运以来,羊易地热电站已累计运行超过 3.5 万小时,累计发电量突破 5 亿千瓦时。目前,该项目拥有两口生产井,钻探深度均不超过 400 米。现场测量数据显示,羊易地热井的井底温度高达 207℃。在电站的技术亮点方面,井下化学阻垢技术、全部回灌技术以及双工质循环机组的应用,共同

图 11.5　羊易地热发电站全貌图

构成了羊易地热电站高效、环保的发电体系。羊易地热电站作为中国高温地热发电领域的佼佼者,不仅展示了中国在新能源领域的科研实力和技术水平,更为全球地热发电领域提供了宝贵的经验和借鉴。未来,随着技术的不断进步和应用的不断拓展,羊易地热电站有望成为中国乃至全球地热发电领域的典范。

雄县地热田

河北雄县,位于我国东部平原,坐拥一片被誉为"华北之冠"的优质地热田。这片地热田位于冀中平原的中部,距离北京城区仅108公里,其地热田面积广阔,超过300平方公里。地热资源温度适中,介于70℃至86℃之间,储量达到100亿立方米。目前,地热资源的开采深度主要在600至1200米之间,是中国东部平原中地热水资源埋藏浅、温度高、水质优良、资源丰富的地热田之一,开发利用条件得天独厚。早在2006年3月和2011年12月,雄县就因其丰富的地热资源,先后被中国矿业联合会和国土资源部授予"中国温泉之乡"的美誉。这一荣誉不仅是对雄县地热资源的肯定,更是对其在地热开发利用方面所取得成就的认可。

与雄县地热田紧密相连的,是我国中低温地热开发利用的示范区——河北省牛驼镇凸起地热田。这片地热田的热储类型主要为基岩岩溶裂隙热储,储量大且具备可回灌的特性,是华北地区具有代表性的地热田之一。而雄县地热田,则位于牛驼镇凸起地热田的南侧,是该地区的典型代表。

牛驼镇凸起是冀中凹陷内部的显著正向次级构造,遭受强烈的抬升、剥蚀作用之后,顶部覆盖较薄的沉积层,加之周边的牛东断裂、容城断裂等控边断层,共同构成了高凸深凹的构造格局。此外,基岩的热导率明显高于盖层的热导率,这为下部热流的向上运移和侧向热向凸起区的汇聚提供了重要的地质条件。

通过钻井测温曲线,我们可以清晰地看到雄县地热田的盖层中的热传递以传导方式为主,平均地温梯度为51℃/km。而热储层中的热传递则因热水的开采和冷水的回灌而受到显著扰动,热对流成为储层内的主要热传递方式,储层地温梯度平均值达到6.2℃/km。

雄县地热田的成因机制,是在中国东部晚中生代岩石圈减薄引起的正常偏高的区域热背景下,通过高热导率碳酸盐岩基底凸起引起的侧向热汇聚形成热异常,而高孔隙度和渗透率的碳酸盐岩储层与低孔渗性的砂泥盖层的有效组合

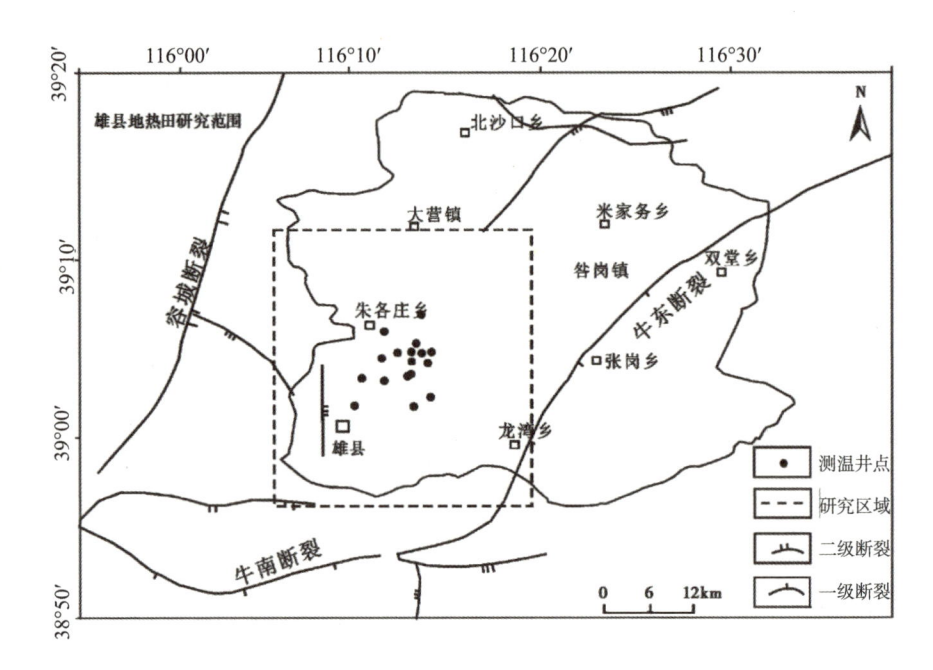

图 11.6 河北雄县地热田地理位置及钻井地温测量井分布范围

则为热田的形成提供了有利地质条件。凸起区的热流值明显大于凹陷区,进一步证明了基底控热作用的显著性。此外,研究区周边的西南部地区,因其高的地温梯度值和热流值,成为下一步勘探的优选区域。

在地热资源的开发利用方面,雄县已取得了显著的成果。目前,雄县已拥有地热井 68 口(其中回灌井 24 口),换热站 35 座,供暖能力达到 450 万平方米。城区 95% 以上的建筑已实现地热供暖,基本实现了城区地热集中供热全覆盖。同时,雄县的地热供暖还实现了二氧化碳、二氧化硫、粉尘的"零排放",为京津冀地区的大气雾霾治理贡献了重要力量。

腾冲热海地热田

腾冲热海地热田,坐落于云南省腾冲市西南约 12 公里处,地理位置为东经 98°26.5′,北纬 24°57.5′。腾冲地势北高南低,北部最高峰为高黎贡山大脑子,海拔高达 3780.2 米,而南部最低点则位于速庆龙川江边,海拔仅为 930 米。受印度洋季风性气候的影响,腾冲降雨量充沛,干湿季节分明。从 1961 年至 1990

年,年均降雨量达到 1478 毫米,其中 5 月至 10 月为雨季,降雨量占总降雨量的 84%。月平均最高气温出现在 8 月,为 24.3℃,而最低气温则出现在 1 月,仅为 0.9℃。

腾冲地处亚欧板块与印支板块的冲撞带附近,地下岩浆活动频繁而强烈。至今,在地下 7 至 25 公里的深度范围内,仍存在两个直径在 10 至 30 公里之间的岩浆囊。由于近南北向的断裂系统十分发育,这些岩浆囊的热能得以源源不断释放,从而形成了腾冲独特的地热现象。热海热田,作为腾冲地热带中热显示最为强烈的热田之一,不仅在国内享有盛名,更早已闻名于世。地热田的范围是根据地表热显示、热流体的物理化学特征、地温梯度、岩石水热蚀变、物化探异常以及地质构造等条件综合确定的。在热海热田内,地热显示强烈且种类繁多,以地热奇观而著称,素有"地热博物馆"之美誉。这里,从低温到沸泉的各类热泉应有尽有,如冒汽地面、泉华、泉胶砂砾岩、毒气孔以及各种岩石的水热蚀变等,种类齐全且景象壮观,实属罕见。

图 11.7 云南省腾冲市热海地热火山

尽管腾冲热海地热田的地热发电开发计划早已酝酿,真正的实施却始于 1997 年之后。当时,计划在杨家坡、石角坡和热水塘分别钻 3 口井,总进尺达到 5000 米,并打算在热水塘一带建立一座 10 兆瓦的地热试验电站。然而,1998 年在热水塘钻的一口地热井,井深达到 1640 米,井底最高温度达到 143.5℃,但由

图 11.8　热海热田温泉景观

于井孔内岩石渗透性较差，深部裂隙不够发育，未能获取到高温、大流量的地热流体，这一计划未能如愿实现。进入 21 世纪，腾冲地热资源的开发迎来了新的机遇。2004 年，《腾冲县地热电站项目建议书》通过了有关部门专家组的论证。以色列的 Ormat 公司与云南省地热开发公司携手合作，计划投资 9900 万美元开发腾冲热海热田，旨在建立一座 48.8 兆瓦的地热电站。为保护环境，该计划提出了地热流体零排放的措施，即开采多少就回灌多少。

　　腾冲地区的地热资源自 20 世纪 70 年代起开始受到广泛关注。通过地质勘探，发现了高温地热流体的存在。80 年代初，腾冲开始进行地热发电的试验性开发，建立了小型试验电站，对地热发电技术进行了初步探索。随着技术的进步和国际合作的加强，腾冲地热电站开始引进国外先进的地热发电技术，并与国内外科研机构展开技术研发合作。90 年代，腾冲地热电站逐步扩大规模，开始商业化运营，地热发电成为当地重要的能源供应方式之一。进入 21 世纪后，腾冲地热电站更加注重环境保护和可持续发展。在发展过程中，采取了严格的环保措施，确保地热资源的合理开发。近年来，腾冲地热电站不仅继续扩大规模、提高发电效率，还进行了技术升级，以适应新的能源市场需求。同时，腾冲地热电站还与当地旅游业相结合,开发地热温泉等旅游资源,实现了地热资源的综合利用。随着中国对清洁能源重视程度的提升,腾冲地热电站得到了政府的大力支持和推广,成为地区能源结构调整和环境保护的重要力量。

鄂尔多斯盆地最深勘探井——荔参 1 井

陕西省,尤其是其关中地区,因其独特的地质条件而蕴藏着丰富的地热能资源,展现出显著的地域优势和巨大的开发潜力。这一地区的地热能开发利用历史可追溯至千年前的秦朝时期,当时主要用于洗浴,见证了从皇家专属的御汤到如今现代化旅游景区,从单一温泉洗浴到多元化供暖、养殖、养生休闲等立体开发的转变。地热行业的发展在此地方兴未艾,展现出勃勃生机。

陕西省的地热能资源主要分为浅层地热能、水热型地热能和干热岩型地热能三大类。其中,浅层地热能依据开发利用方式,可进一步细分为地下水地源热泵和地埋管地源热泵两种形式。地下水地源热泵主要适用于沿渭河、汉江、丹江等大河流域的漫滩和低阶地地区;而地埋管地源热泵则在陕西大部分地区均表现出良好的适用性,资源充沛,开发前景广阔。

水热型(中深层)地热能资源在关中地区尤为丰富,且呈现出明显的地域性和带状分布特征。这一地区的中深层地热能主要分为盆地中部新生界孔隙裂隙型、秦岭山前构造裂隙型和渭北古生界岩溶溶隙裂隙型三种类型。新生界孔隙裂隙型地热水资源储量丰富,主要集中于关中地区的中部和东部;秦岭山前构造裂隙型地热水则主要分布在盆地南侧的断裂带中,尽管温度较高,但流量相对较小;渭北古生界岩溶溶隙裂隙型地热水则广泛分布在关中地区的北缘,水量充沛,但不同区段的流量差异较大,且温度相对较低。

目前,陕西省的地热能已被广泛应用于生产生活的多个领域,如工农业生产、居民供暖、制冷、供热水、医疗保健、洗浴、娱乐、温室种植、养殖等,均实现了规模化应用,为地方经济和社会发展注入了新的活力。

值得一提的是,2018 年 10 月 18 日,中国石油施工的"荔参 1 井"在大荔县羌白镇成功完钻。该井深达 6535 米,井底温度高达 214℃,平均地温梯度为 3.05℃/100 米。作为渭河盆地的一口参数气探井,"荔参 1 井"不仅钻穿了固市凹陷的新生界地层,还深入到了寒武系地层,为关中盆地的深部地温研究提供了宝贵的数据。

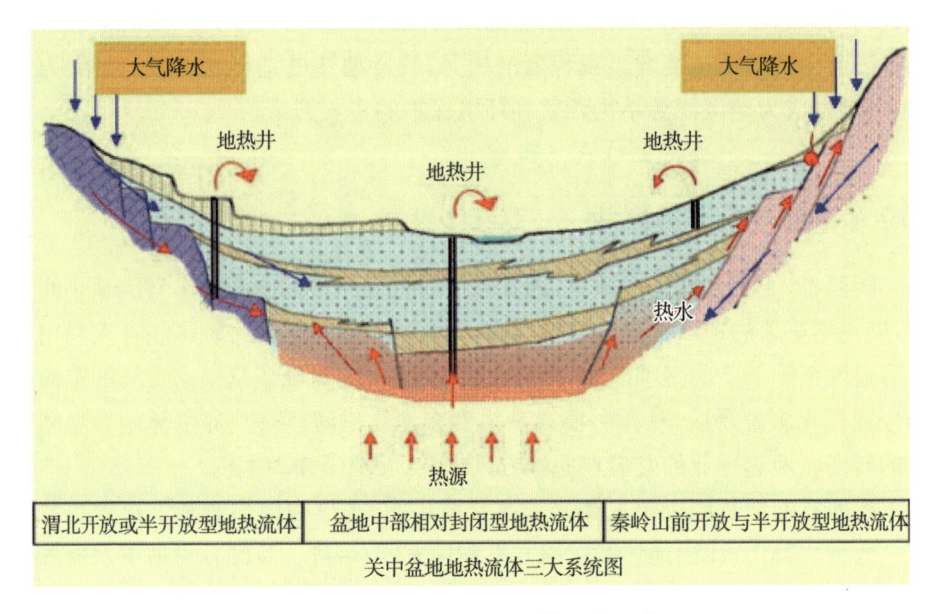

图 11.9　关中盆地地热流体三大系统

"荔参 1 井"位于陕西省大荔县羌白镇羌东村,地处渭河黄土平原区的渭河盆地固市凹陷构造带。固市凹陷位于渭河盆地的中西部,呈现出南深北浅、南断北超的地貌特征,其中心地带位于固市一带。该凹陷的张家坡组中烃源岩厚度较大,且古近系新统蓝田—灞河组及中新统高陵群地热水中伴生有煤系烃源天然气。这一区域的新生界和古生界发育了多套成藏组合,有利于天然气的富集成藏,因此具有良好的勘探前景。为此在渭河盆地固市凹陷北部斜坡上部署荔参 1 井,主要勘探目的是了解固市凹陷的地层发育情况,探明古近系渐新统煤系烃源岩的发育状况,并兼顾探测上新统浅层生物气资源及伴生的氦气资源。该井的设计井深为 6390 米,实际钻井过程中顺利达到了设计深度,并深入古生界 1400 米,红河组 700 米,虽未完全钻穿古近系,但已取得了显著的勘探成果,为关中地区的地热能及天然气勘探开发提供了新的方向和思路。

第十二章 大陆科学钻探井

12.1 大陆科学钻探井简介

上天、入地、下海是人类向自然界挑战的三大壮举。被称为伸入地球内部"望远镜"的大陆科学钻探是当代地球科学领域内具有划时代意义、能带动21世纪地球科学和相关科学技术发展的大科学工程,同时也是解决人类社会所面临的资源、灾害和环境等问题的重要途径之一,是继人类登月后向地球的又一次挑战!中国大陆科学钻探工程的实施意味着中国"入地"计划的起步,受到国内外地学界的高度瞩目。以德国、美国和中国为三大发起国的国际大陆科学钻探组织(ICDP)于1996年正式成立,这标志着大陆科学钻探进入了新的发展阶段,一个全球范围的大陆钻探计划正在逐步形成。目前正在实施的国际大陆科学钻探项目有20项,主要研究领域包括板块构造、火山与地震活动、全球环境与气候变化、天体撞击与灾变事件、地热与流体系统和大陆与地幔动力学等。实践表明,通过大陆科学钻探对岩石圈进行直接取样和观测,可以了解和认识大洋及大陆的板块运动、地壳应力与地震活动、火山作用、深部资源、生命起源以及全球环境与气候变化,解决一系列重大基础科学问题。

12.2 中国大陆科学钻探工程发展历程

从20世纪70年代开始,中国科学家就一直呼吁实施中国大陆科学钻探计划。进入21世纪后,相关项目终于获得批准,并正式进入了实施阶段。

(1) 20 世纪 60 年代末至 90 年代末——准备阶段。

中国大陆科学钻探计划的准备阶段包括启蒙认识、前期准备和筹备起步等过程。1965 年,地质学家谢家荣先生指出战后地质工作已向地球深部发展。1977 年,国家科委建议组建"国家大陆超深孔钻探委员会"。中国地质学家从 1988 年开始建议制定中国大陆科学钻探计划。地矿部于 1993 年 12 月批准建设"中国大陆科学钻探工程"。1995 年 11 月,国务院批准中国加入"国际大陆科学钻探计划"。

(2) 20 世纪 90 年代末至今——实施阶段。

2001 年,中国大陆科学钻探项目的获批,标志着正式进入实施阶段。在 ICDP 框架下,中国实施了"中国大陆科学钻探(2001—2005)""青海湖科学钻探(2005)""松辽盆地科学钻探(2006—2018)""渭河盆地科学钻探(2022)"等项目,中国台湾地区实施了"车笼埔断层钻探(2004)"项目。中国还自主实施了以地震研究为目标的"汶川地震断裂科学钻探(2008—2014)"以及与矿产资源勘查密切相关的"中国铀矿 3000 m 科学深钻(2012—2013)""南岭成矿带于都—赣县矿集区科学钻探(2011—2013)""云南腾冲火山—地热构造带科学钻探(2012—2013)""漠河冻土区天然气水合物科学钻探(2010)""铜陵矿集区 3000 m 科学钻探(2012—2014)"等项目。这些钻探项目的实施推动了中国地球内部探测事业的发展,促进了钻井、测井和长期观测等核心技术的进步,为中国深地探测提供了有力支撑。

12.3　中国大陆科学钻探工程的里程碑

中国大陆科学钻探工程——深入地下 5000 m 的"望远镜"

中国大陆科学钻探工程的选址位于超高压变质地体之上,与全球已实施的大陆科学钻探井位所处的构造部位相比,这一选址尤为独特,因为它所钻进的岩石曾位于板块会聚边界造山带根部的最深构造部位。经过长达十年的精心选址与科学论证,1996 年在青岛召开的中国大陆科学钻探选址国际研讨会上,来自全球的 60 名顶尖专家一致认同苏鲁超高压变质带作为该工程的最佳钻探区域。基于大量的地质与地球物理研究,最终决定在苏鲁超高压变质带南部的江苏省连云港市东海县毛北村实施第一口深井计划。

中国大陆科学钻探工程的宗旨是运用现代高新钻探技术,在具有全球意义的板块会聚边界苏鲁超高压变质带中钻进 5000 m,利用从钻孔中获得的连续、

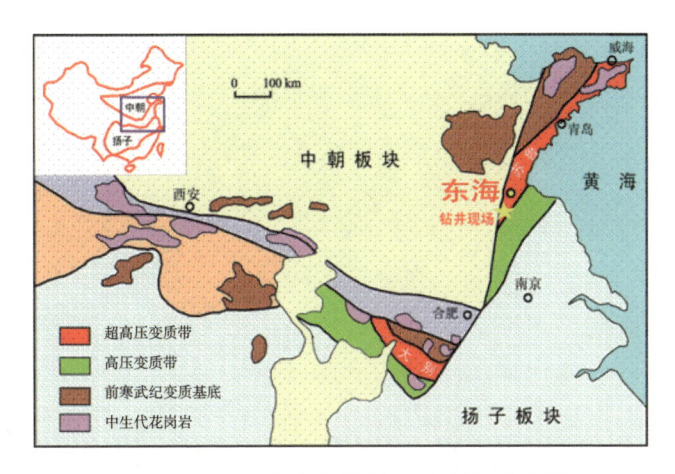

图 12.1　中国大陆科学钻探工程井场位置图

新鲜、珍贵的固体和流体样品、地下深部原位测量与实验数据,并结合区域地质和地球物理调查,瞄准当前的重大地学前沿"大陆板块会聚边界地幔动力学"和重大地学难题"超高压变质岩石形成与折返",开展多学科、全方位科学研究。此外,5000米深孔不仅是一个科研的窗口,更是一个特殊的地下实验室。在这个无噪音、少干扰、高温高压且几乎不受大气降水影响的地下空间内,科学家们得以研究岩石圈、地下水圈和地下生物圈的奥秘。钻探结束后,这个深孔将成为长期的观察实验站,用于进行综合的地球物理测量,精确监测现代地壳的活动状态。

图 12.2　中国大陆科学钻探工程现场航拍

图 12.3 中国大陆科学钻探深孔(5158.5 m)获取的岩心

中国大陆科学钻探工程不仅是一项高科技工程,更是一项大科学工程。它的研究领域涵盖了地球固体圈层的组成与结构、地下生物圈与水圈,涉及的学科包括地球科学、生物学、物理学和化学等领域。通过这一工程,科学家们不仅能够重塑地球演化的历史,还能够观测现代地质现象,探索地球的未来。更重要的是,这项工程不仅解决了众多科学理论问题,还具有重要的实际应用价值。中国大陆科学钻探工程在中国地球科学研究历史上具有开创性的意义。它标志着中国地球科学研究进入了一个新的阶段,为全球地球科学的发展做出了重要贡献。

青海湖科学钻探

青海湖,位于亚洲内陆,是我国最大的内陆咸水湖,地理位置介于北纬 $36°32'$ 至 $37°15'$,东经 $99°36'$ 至 $100°47'$ 之间。它坐落于青藏高原的东北缘,东接黄土高原,西临荒漠与沙漠,处于东亚季风湿润区与内陆干旱区的过渡地带。这一独特的地理位置使得青海湖对气候和全球环境变化极为敏感,成为研究我国西部地区环境变化、青藏高原隆升过程及其环境效应,以及这些变化与全球联系的重要场所。青海湖流域的年平均气温约为 $-0.1℃$,年平均降水量约为 373 毫米,其中超过 65% 的降水集中在夏季。夏季时,ASM(亚洲夏季风)环流会到达该地区,而冬季则主要受西风带气候的影响,导致降水呈现出明显的季节性特征。

在国际大陆钻探计划(ICDP)的资助下,科学家们利用美国著名的湖泊钻探公司(DOSECC)提供的 GLAD800 钻探系统,在青海湖中成功钻取了岩芯。钻探工作从 2005 年 7 月 21 日开始,至 9 月 5 日结束,期间共进行了 324 回次的钻探,累计进尺达到 547.855 米,成功获取了 323.255 米的岩芯,整体取芯率高达 59.00%。为了更全面地进行对比研究,并弥补湖上钻探的局限性,科学家们还在青海湖南岸的二郎剑地区进行了陆上钻探。钻探工程自 2005 年 4 月 22 日启动,至 9 月 11 日圆满结束,累计进尺达到 1108 米,且取芯率超过了 90%。此外,在二郎剑西侧约 10 公里处的一郎剑地区,也成功获取了 648 米的岩芯。尤为值得一提的是,在青海湖西南部的次盆地沉积中心,科学家们获得了最长且质量最高的钻探岩芯 1F 和 1A。这两根岩芯的采样位置位于北纬 $36°48'40.7''$,东经 $100°08'13.5''$,海拔 3194 米处。通过对这两根岩芯的岩石学和替代数据的综合分析,科学家们创建了一份详尽的综合记录(1Fs)。在综合记录中,科学家们以

1厘米的间隔对沉积物进行了取样,并测量了整个岩芯的粒度、碳酸钙($CaCO_3$)和总有机碳(TOC)含量。此外,还对岩芯上部 5.0 米的介形虫 $\delta 18 O$ 值进行了精确测量。这些物理、地球化学和稳定同位素替代指标被广泛应用于研究青海湖地区与西风带和亚洲夏季风相互作用相关的气候变化。

图 12.4　青海湖湖上钻探(美国 GLAD800 钻探系统)

　　该项目的实施不仅为青海湖地区环境的形成演化、生态环境的退化治理与重建、环境承载力的提高以及未来环境预测提供了宝贵的基础理论与数据支持,还为我国西部大开发和可持续发展战略的科学决策提供了重要依据。同时,该项目还有助于拓宽国际合作渠道,推动以我国大陆季风—干旱环境演变与发展过程为核心的高层次综合集成研究,争取在大陆环境研究领域取得更多高水平的原创性研究成果,进一步提升我国地球系统科学研究的国际影响力。

松辽盆地科学钻探

　　白垩纪松辽盆地大陆科学钻探项目(SK):连续高分辨率陆相档案与温室气候变化是中国大陆第三个国际大陆科学钻探项目(ICDP),也是全球首个获得完整、连续的白垩纪陆相沉积记录的项目。该项目旨在实现四个基本科学目标：(1)精确界定陆相地层边界(例如，侏罗纪—白垩纪边界、白垩纪—古近纪边界)，并实现海洋与陆相地层之间白垩纪地层的对比；(2)研究陆相环境变化与深层生物圈的生物响应；(3)理解陆相对海洋缺氧事件及大规模陆相烃源岩形成的响应；(4)解读白垩纪正常超时期间地球深部的地球动力学。

SK项目分为两个阶段。第一阶段，SK-1项目，包括在两个钻孔(北部和南部钻孔)中对古近纪早期至晚白垩世地层进行钻探和取芯，这两个钻孔可以通过黑色页岩的区域标志层进行对比。钻探深度分别为1811.18米和1915.00米，共回收岩芯2485.89米，回收率达到96.46%。采用了一系列钻井和取芯技术，包括常规、密闭、定向和密封取芯，以确保岩芯的高回收率，并采用了专门设计的岩芯处理程序，例如将岩芯分为2/3取样部分和1/3档案部分，抛光以确保长期保存和研究岩芯。第二阶段，SK-2项目于2014年开始，包括钻探整个白垩系地层，取芯松辽盆地早白垩世地层和早中生代至古生代基底。该阶段还包括两个钻孔，即东孔和西孔。2018年5月，SK-2东孔完成钻探，深度7018.00米，取芯进尺4279.73米，岩芯总长度4134.81米，采收率96.61%。创造了多项卓越的工程记录，包括ICDP历史上和亚洲最深的钻孔(7018米)，世界上最长的ϕ311毫米连续取芯(1651米)，全球最长的Φ216毫米取芯进尺(41.69米)，以及ϕ311毫米、ϕ216毫米和ϕ152毫米的每次往返进尺超过30米等。SK-2东孔进行了全面的地球物理测井，测得井底温度为241℃，是中国迄今为止测井作业的最高温度纪录。考虑到这种高温，开发了一种甲酸酯聚合物水基泥浆体系，并将其应用于SK-2东井，这是水基泥浆在中国首次在高于240℃的工作温度下运行。SK-2西孔的钻探和取芯仍在准备中。总体而言，SK项目包括两个阶段、四个钻孔，预计将获得覆盖整个白垩纪的10000多米长的岩芯。

经过十年对SK岩芯的科学研究，基于海量地质数据集的多学科研究取得了进展。通过综合生物地层学、磁性地层学、循环地层学和放射性年代学，为SK-1岩芯精确建立了年代学框架，而类似的方法也被应用于SK-2东孔研究。对于SK-1，陆地沉积物的年龄为图伦晚期至古新世早期，跨度为27.4 Ma(缺失3.8 Ma)，分辨率优于100 Ka。尽管地质年代学工作仍在进行中，但目前的放射性测年显示，松辽盆地基底上SK-2东岩芯为Albian时代晚期，火山沉积地层为三叠纪中期。多种古气候指标证明了晚白垩世不同时间尺度的陆地气候变化，这表明中纬度陆地气候对全球气候敏感。当古松辽湖扩张到最高湖平

向地球深部进军 ——从里耶古井到羊八井能源新纪元

图 12.5　松科二井现场

面和面积时,发现了海水入侵事件。富含有机物的沉积物是在湖平面上升和海水入侵期间形成的,这促进了底水缺氧,成为有机碳埋藏的最有利条件。

中国白垩纪大陆科学钻探工程的成功实施,充分利用了中国大陆发育完好的白垩纪陆相地层及古生物记录,填补了国际上对陆相白垩系科学钻探的空白,对国际大陆科学钻探计划(ICDP)产生了积极影响。同时,对所获得的宝贵岩芯开展广泛的国际合作研究,这将会在我国白垩纪陆相的材料优势变成科学优势方面,以及提高中国陆相白垩纪的研究水平和国际地位的进一步发展方面产生重要的作用。

汶川地震断裂科学钻探

2008 年 5 月 12 日,一场震级高达 8.0 的汶川地震在青藏高原东部边缘与四川盆地交界处的龙门山逆冲断裂带上骤然发生。这场大地震不仅造成了巨大的人员伤亡和财产损失,还形成了迄今为止空间分布最为复杂、长度最大的逆冲型同震地表破裂带。其特殊的运动学性质,使得地质学家和地球物理学家对其成因和机制产生了浓厚的兴趣和深深的困惑。

为了解开这些谜团,启动了汶川地震断裂带科学钻探项目。这是中国大陆首次围绕地震灾害进行的科学钻探工程,也是以探索地震机制和提高地震预报预警能力为目的的首次科学尝试。该项目以"钻探——井中探测——科学研究"三位一体的模式进行,将高技术井中探测与科学前沿研究紧密结合,旨在深入揭示地震的形成、孕育背景和破裂过程。

在汶川地震断裂带科学钻探工程的实施过程中,完成了约9000米的科学钻井系列,包括WFSD-1、WFSD-2、WFSD-3P、WFSD-3、WFSD-4和WFSD-4S等钻孔。这些钻孔提供了丰富的地下剖面数据,包括岩性剖面、构造剖面(如岩石产状、微断裂和破裂)、流体剖面、岩石物性剖面、矿化剖面、测井剖面、地应力剖面和重力剖面等。这些数据呈现出各种参数随深度变化的特征,为我们全面认识地表下的断裂带特征提供了重要依据。通过异常值的判断,能够准确地定位地震主滑动带的位置。同时,结合地表破裂及构造背景的研究,科学家们重塑了龙门山构造格架及造山演化过程。此外,对横穿龙门山的地球物理剖面探测,揭示了三维深部结构,为理解印度/亚洲碰撞造成的物质运动及应力集中的起因提供了关键信息。

为了更深入地了解地震发生的机理,还安装了井中地震仪和综合地球物理探测仪,进行井下长期观察和监测。这些仪器能够记录更深部的地震活动,并进行地震后应力衰减的测量。从三维地震台阵的角度,可对汶川地震断裂带的余震趋势、余震强度和影响范围进行新的分析和探讨。

本项目不仅关注大地震的源区,还对微震的源区进行了直接取样。通过采用一系列先进的观测和分析手段,科学家们开展了地质构造、地震地质、岩石力学、化学物理、地震物理、流体作用和流变学等多学科研究。这些研究旨在揭示控制断裂作用及地震发生的物理和化学作用,为未来地震的监测、预报或预警提供最基础的数据支持。

汶川地震断裂带科学钻探项目是一项具有开创性的科学探索,它为我们深入理解地震的成因和机制提供了宝贵的机遇。通过这一项目的实施,我们有望在未来更好地预测和防范地震灾害,保护人民生命财产安全。

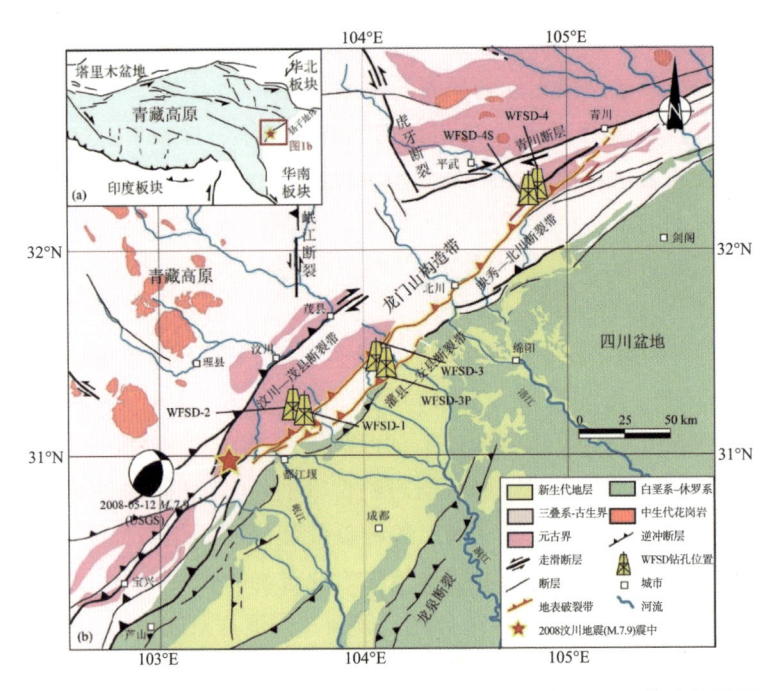

图 12.6　青藏高原东缘龙门山汶川大地震构造背景与 WFSD 钻孔位置图

图 12.7　汶川地震科学钻探

中国铀矿 3000 m 科学深钻

中国铀矿第一科学深钻位于江西省相山铀矿大基地,于 2012 年 7 月 21 日正式开钻,设计深度 2500 m,至 2013 年 2 月 5 日,钻孔深度已突破 2000 m 大关。据悉,该科学深钻所采用的施工设备为中核集团地矿事业部与中国地质装备总公司联合研发的国内第一台 XD-35DB 型交流变频电动顶驱式地质岩芯钻机。项目组运用液动潜孔锤+PQ 绳索取芯+高效长寿孕镶金刚石钻头组合钻进工艺进行施工,金刚石钻头平均使用寿命 99.29 m,最长寿命 290.24 m;钻头平均时效 1.36 m,最高时效 2.93 m;平均提钻孔深间隔 51.35 m,最长提钻孔深间隔 273.47 m,最长提钻时间间隔 361 h;平均回次进尺长度 2.64 m,平均岩矿芯采取率 99.82%。

图 12.8　中国铀矿科学深钻 2000 m 岩心图

江西相山铀矿田作为特大型火山岩型铀矿,在我国铀资源构成中具有非常重要的意义。虽然过去对该矿田的研究程度比较高,但主要限于浅表的(一般小于 500 m)研究,对深部的研究和成矿前景涉及较少,以往该矿田大钻探深度为 1206 m。

图 12.9　中国铀矿 3000 m 科学深钻

该科学深钻研究的目标是对相山火山岩型大型铀矿田的地质、地球物理、地球化学和成矿作用进行综合调查和研究，开展深部科学钻探的地质、地球物理测量，地球化学调查，流体研究及深部铀成矿的环境条件综合研究，基本建立相山铀矿田火山机构三维结构模型，研究解决相山矿田深部铀成矿的理论、探测技术和环境条件等关键问题，评价深部铀成矿前景和潜力，推动和指导我国铀矿深部的找矿勘查工作。

相山铀矿科学钻探共揭露了 4 处铀矿化段和 5 处铅锌金铜等多金属矿化段，其中，在 1864 m 处金矿化品位达 1.35×10^{-6}；在 2817 m 深度的富铜矿化（品位＞1%）是目前国内发现最深的铜矿化，表明在 2 km 以下的深部空间具有很大的多金属找矿远景和潜力。

传统的放射性系列测井深度仅为 1000 余米，通过自主研发攻关，研制了探测深度达 3 km 的 HD4002 深井测井系统并获得成功应用。该系统解决了深孔测井仪耐高温、高压和长距离数据快速传输等难题，攻克了深井探管的电源供电等一系列技术难题，成功获取了相山深钻的测井数据，实现了铀矿地质勘查大深度测井技术的跨越式发展。研制了针对深孔地质岩芯新型钻探设备——交流变频电动顶驱式地质岩芯钻机,该设备集电、液、气、信息技术为一体,大大提高了钻探装备的智能化、数字化和自动化水平。在钻探工艺方面,采用绳索取芯钻具＋液动冲击器＋高效长寿命钻头组合钻进工艺,终孔孔径 122 mm,岩芯采取率 99.9%,创造了孔内没有发生过一起事故、没有断过一次钻杆、没有脱过一次扣的工程奇迹,突破了多项钻探工程记录。

川西伟晶岩型锂矿科学钻探

锂是地球低碳化发展的关键元素。近年来,随着锂电池、新能源汽车、可控核聚变等领域快速发展和不断突破,锂的战略地位不断提升,被誉为"21 世纪的能源金属",是当前国家的重大需求。

川西甲基卡花岗-伟晶岩型锂矿 3000 m 科学钻探,是继中国第一口大陆科学深钻(CCSD,5158 m,2001~2005 年)、汶川地震断裂带科学钻探(WFSD,2008~2014 年)等系列科学钻探之后,在中国大陆地壳硬岩中实施的又一架"深入地球内部的显微镜"。

图 12.10 "甘孜州甲基卡锂矿 3000 米科学钻探"项目

向地球深部进军 ——从里耶古井到羊八井能源新纪元

南京大学卓越计划"川西伟晶岩型锂矿科学钻探"于2019年6月启动,南京大学地球科学与工程学院负责,联合四川省地质调查研究院和山东省第三地质矿产勘查院钻探队,在甲基卡穹隆中心开展一个深度3000米的科学钻探以及两个深度1000米的副孔,穿过变质岩、伟晶岩和花岗岩,全井定向取芯,建立川西花岗伟晶岩锂矿床研究的垂直岩芯柱,从而对川西甲基卡花岗伟晶岩型锂矿床及相关的变质岩、花岗岩和伟晶岩开展岩石学、矿物学、元素和同位素地球化学、成岩成矿年代学、包裹体成分分析和显微测温、变质变形作用等多学科大深度三维进行立体研究。

图 12.11 "甘孜州甲基卡锂矿3000米科学钻探"项目

自2020年6月3日正式开钻以来,在高寒酷冷的4500米川西高原,克服重重困难,经过7个多月的奋战终于完钻,实现98%的极高岩芯采取率,圆满完成预定目标。据初步调查,在已获取的3000米岩芯样品中,成功地发现1400米厚的伟晶岩,其中包括含锂辉石矿伟晶岩带和含铍—铌—钽矿伟晶岩带;2700米处进入科钻目的层——花岗岩母体,并发现深部特殊的变质带。该科研成果将为探索川西伟晶岩型锂矿成矿机理、建立伟晶岩型锂矿创新理论、实现锂矿找矿突破提供有力数据支撑,为国家新能源安全提供要素保障。

图 12.12　川西甲基卡科学钻探工程竣工典礼现场

图 12.13　川西甲基卡锂矿科学钻探总体目标示意图

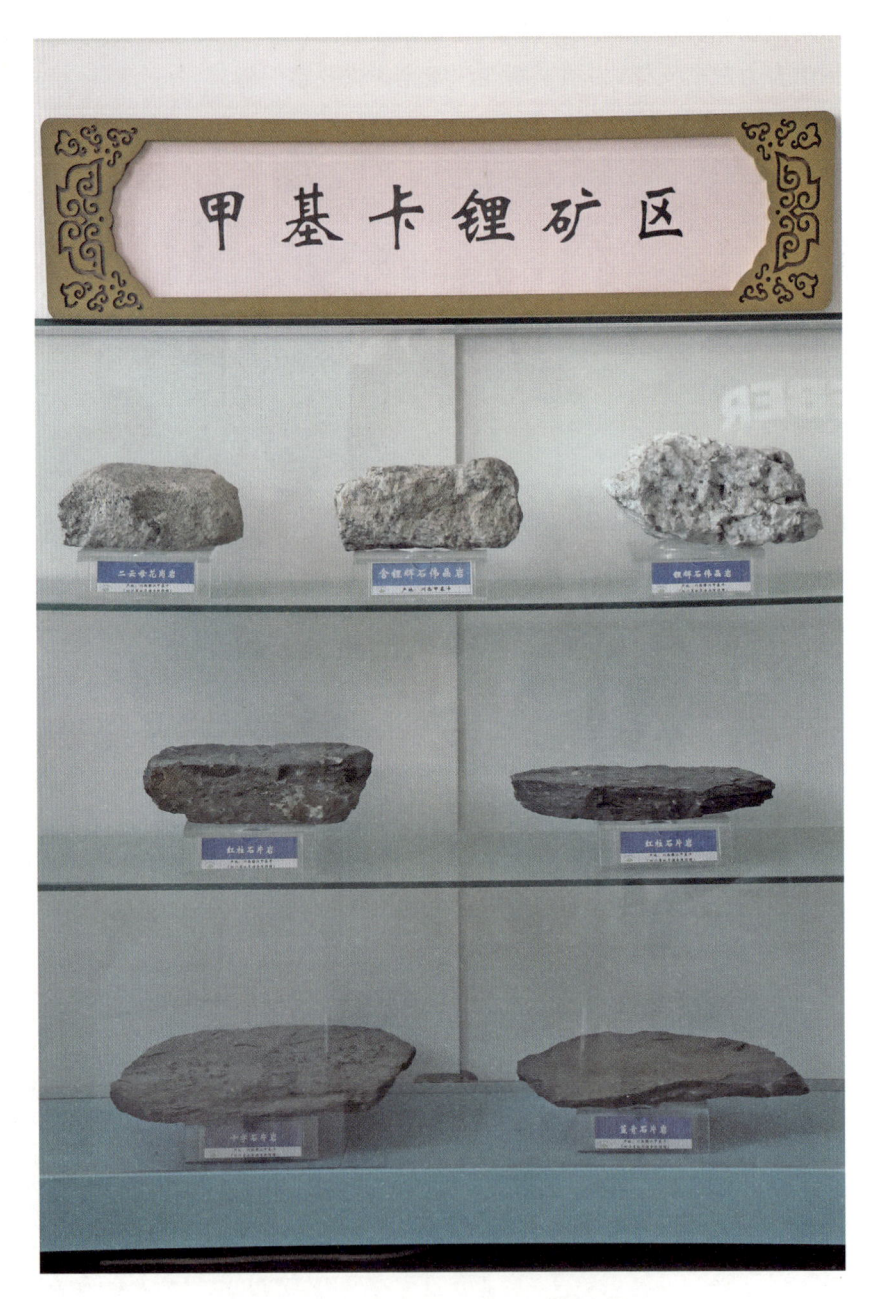

图 12.14　川西甲基卡锂矿区岩矿样本

图 12.15　川西甲基卡矿田矿床类型和成矿机制研究成果

该项目的顺利竣工对解决甲基卡矿田关键科学问题至关重要，分析甲基卡矿田中锂元素的来源、赋存和超常富集的构造背景，揭示矿床的垂向分带和深部含矿性，阐明矿床类型和成矿机制，探索矿床形成后的隆升剥露过程和保存条件。在此基础上，归纳总结伟晶岩型锂矿的成矿机理，为川西高原深部矿产勘查、定向预测深部矿体及找矿靶区提供了科学指导，为找矿突破战略行动提供了支撑，为国家新能源战略安全提供了要素保障。

第十三章　超深油气钻探井

13.1　超深油气钻探井简介

油气资源,即石油和天然气,是地球上最重要的化石能源之一,对全球经济的发展起到了至关重要的作用。石油是一种液态烃类混合物,主要由烷烃、环烷烃、芳香烃等化合物组成,它存在于地壳的岩石孔隙中,是地质勘探的主要目标。石油的用途极为广泛,从交通运输的燃料到工业生产的原料,再到日常生活中的各种塑料制品,都离不开石油的供给。

天然气则是一种气态烃类混合物,主要由甲烷组成,还包括少量的乙烷、丙烷等烃类气体,以及氮气、二氧化碳等非烃类气体。天然气主要存在于地壳的岩石孔隙、裂缝或溶解于地下水中。天然气的用途同样广泛,它既是优质的燃料,又是重要的化工原料,如用于制造化肥、甲醇等。

油气钻探是勘探和开发油气资源的重要手段。在地质调查和地球物理勘查的基础上,油气钻探通过钻穿油气层,获取地下油气地质信息,进而确定油气资源的储量和分布。油气钻探的过程复杂且精细,需要使用专业的钻探设备和工具,如钻杆、钻头等。

在油气钻探中,钻杆负责传递钻头的旋转力和推进力,钻头则负责破碎岩石,形成钻孔。泥浆则起到冷却钻头、携带岩屑、稳定井壁等多种作用。油气钻探的过程需要严格的技术控制和管理,以确保钻探的安全和效率。

油气钻探的结果通常以岩芯和岩屑的形式呈现,它们记录了地下的地质信息和油气资源的分布。通过对岩芯和岩屑的分析和研究,可以了解地下油气层的性质、厚度、储量和分布,为后续的油气开发和利用提供重要的依据。

随着全球油气资源的日益紧张,深层油气资源的勘探开发成为实现油田油气资源战略接替的主要途径。超深油气钻探是指井深超过 6000～8000 米的钻井,它需要使用更为先进和复杂的钻探技术和设备,以应对高温、高压、高含硫等极端环境下的钻探挑战。

超深油气钻探的过程需要解决许多技术难题,如高温高压下的钻井液性能稳定、钻头磨损快、井壁失稳等。为了克服这些难题,科研人员和技术人员不断探索和创新,研发出了更为先进的钻探技术和设备,如金刚石钻头、高温高压钻井液、随钻测量技术等。

超深油气钻探的成功实施,不仅为油气资源的勘探和开发提供了新的机遇和挑战,也为地球科学的研究提供了新的视角和思路。通过超深油气钻探,我们可以更深入地了解地球的内部结构和演化过程,为地球科学的发展做出更大的贡献。

综上所述,油气资源是人类社会发展的重要基础,油气钻探是勘探和开发这些资源的重要手段,而超深油气钻探则是未来油气勘探和开发的重要方向。随着科技的不断进步和全球能源需求的不断增长,我们有理由相信,未来的油气钻探技术将更加先进和高效,为人类社会的可持续发展提供更为坚实的能源保障。

13.2 中国超深油气钻探井的发展历程

我国超深油气钻探的发展历程是一部充满挑战与突破的壮丽史诗,它记录了我国石油工业从起步到壮大、从追赶到超越的非凡历程。这一过程大致可以分为以下几个具有标志性的阶段:

第 1 阶段(1966—1975 年),是我国超深油气钻探技术的起步阶段。在这一时期,面对技术封锁和资源匮乏的双重挑战,老一辈石油人凭借坚韧不拔的精神和卓越的技术智慧,成功在大庆油田钻成了第一口深井"松基 6 井",井深达到 4719 米,标志着我国深井钻探技术的正式起步。此后,继大庆油田,又陆续在大港、胜利和江汉油田打成了 4 口超过 5000 米的深井,这些深井的成功钻探为我国初步积累了钻深井的经验,为后续的超深油气钻探技术奠定了坚实基础。

第 2 阶段(1976—1985 年),是我国超深油气钻探技术迅速发展的十年。在这一阶段,1976 年 4 月 30 日,四川地区成功钻探出第一口深度达到 6011 米的超深井,即著名的"7002 井"(又名女基井)。这一里程碑式的成就不仅标志着我国超深油气钻探技术的重大突破,也为后续钻探工作提供了宝贵经验。

从1976年至1985年,我国石油工业在超深油气钻探领域取得了显著进展。在这期间,我国共完成了100多口深井和10口超深井的钻探任务。其中,四川地区在1978年完成的关基井(井深7175米)和新疆地区在1979年完成的固2井(井深7002米)更是将我国超深油气钻探的深度推向了新的高度。这些超深井的成功钻探,不仅展示了我国在深井钻探技术上的显著进步,也为我国油气资源的开发利用开辟了新的广阔空间。同时,这一时期我国还积累了大量的深井钻探经验,推动了相关技术的不断革新与发展,为后续的超深油气钻探工作奠定了坚实的基础。

第3阶段(1986年至今),进入改革开放和现代化建设新时期以来,我国超深油气钻探技术进入了规模化应用的新阶段。随着深层勘探开发的加速推进,深井、超深井的钻探数量逐年增加,钻探深度也不断刷新纪录。塔里木油田的塔参1井、中石化塔河油田的中4井等超深井的成功钻探,不仅展示了我国深井钻探技术的强大实力,也为我国能源战略的实施提供了有力支撑。此外,随着技术的不断进步和勘探开发的深入推进,我国超深油气钻探技术还将继续取得新的更大突破,为保障国家能源安全作出更大贡献。

综上所述,我国超深油气钻探的发展历程是一部充满挑战与突破的历史,它见证了我国石油工业从起步到壮大、从追赶到超越的非凡历程。未来,我国将继续加强超深油气钻探技术的研究与应用,为保障国家能源安全、推动经济社会持续健康发展作出新的更大贡献。

13.3 中国超深油气钻探井的里程碑

中国第一口超深井——女基井(6011米)

20世纪70年代,面对世界级复杂难采油气藏,川中石油人不断总结经验,不断寻求油气资源上的突破。女基井于1971年8月10日,由四川石油管理局川中矿区7002钻井队使用7000米超深井钻机,在武胜县万善场龙女寺构造开钻。1976年2月27日,历时54.12个月,女基井成功完钻,井深达6011.6米,创造新纪录。从此,我国在世界超深井的名册中,庄严地盖上了"中国印"。

1971年8月10日开钻女基井,钻至上三叠统香溪群香四段和香二段砂岩发现气层,有气侵和井喷显示。其后钻至下二叠统(4401.5～4408.2 m)发现孔隙度较好的砂糖状白云岩。1974年1月中途测试,日产气 4.68×10^4 m³。1976年在井深5974 m进入基岩层,完钻井深为6011 m;后在奥陶系和寒武系见气显示;在震旦系灯影组灯四段(井深5206.0～5248.0 m)试气,日产天然气 1.85×10^4 m³。当时它是中国第一口深井,并新发现二叠系、奥陶系、寒武系和震旦系等4个产气层,为研究川中地区深部含油气条件提供了重要资料。女基井完钻后,国务院授予承钻的7001钻井队为"勇攀高峰钻井队",原石油工业部为了庆贺钻井成功,1976年还在四川遂宁召开了共计6000人参加的庆功大会。龙女寺基准井在工程上克服了许多技术难题,因此才夺得全国第一口超深井钻井成功的纪录,同时也为国内钻超深井积累了经验、培养了人才。

女基井作为我国第一口井深超过6000米的超深井,第一次在川中地区钻穿了全部沉积岩地层,第一次在川中二叠系获得具有工业价值的高压天然气流,攻克了钻井泥浆、取芯、固井、测井等复杂的工艺技术难关。当时中央领导对成功钻获该井给予了高度评价,毛主席亲自圈阅报告。7002钻井队被授予"勇攀高峰的深井钻井队"称号。由于不再具备开采条件,2013年11月至2014年1月,川中油气矿对女基井进行了永久性封堵。截至封堵时,女基井累计产气490余万立方米。2012年7月,女基井被评为四川省文物保护单位。

中国第一口超7000米超深井——关基井(7175米)

在四川省绵阳市梓潼县观义镇池塘村大山坪上,矗立着一座具有历史意义的油井——关基井,它隶属于西南油气田川西北气矿。20世纪70年代,全球范围内能够钻探7000米以上超深井的国家仅有美国和苏联。在这样的背景下,毛主席作出"我们也要打超深井"的指示,瞄准的正是"赶美超苏"的目标。

1974年12月17日,梓潼县红旗区(现为梓潼县观义镇池塘村3组)的山梁上,一座高耸的井架拔地而起。在凛冽的寒风中,钻头开始缓缓向地层深处挺进。为了这一壮举,全国10余个厂所院校和石油系统的专业力量纷纷加入,共同参战。其中,7001钻井队承担了这一艰巨的钻井任务,他们由来自全国各地的100多名钻工组成,组成了一支勇往直前的钻井先锋队,进行了三年的艰苦奋战。

钻探超深井需要多项科技支撑,然而,当时中国的深井钻探技术起步较晚,核心技术被外国掌握,科研难度极大,后勤保障也显得力不从心。面对缺技术、

向地球深部进军——从里耶古井到羊八井能源新纪元

缺工具、缺乏地质资料的困境,关基井的钻探工作是在极度困难中探索前行的。经过三年的艰苦努力,1977年12月4日,关基井成功完钻,完钻井深达到了7175米。这一成就标志着中国成了世界上第四个能够钻探7000米以上超深井的国家,关基井也因此成了振奋人心的"政治井"和"争气井"。

在钻探过程中,7001钻井队先后克服了高温、高压、盐水层、石膏层、垮塌层等一系列技术难关,取得了川西北地区白垩系—二叠系完整可靠的地质剖面,开展了7项录井工作,获得了33项资料,共计334514个数据,并发现了32个油、气、水显示和气测异常段。这些成果为川西北地区的石油勘探打开了新的局面,为研究川西北—川中过渡带的石油地质情况提供了宝贵的一手资料。7001钻井队的全体队员团结一致、敢闯敢试,创造了当时国内钻井深度最深、气层压力最大等10项纪录,代表了当时国内超深井钻井技术的最高水平。他们的成就彻底打破了国外在超深井技术上的垄断,为中国石油工业的发展作出了重要贡献。

图13.1　中国第一口超7000米超深井——关基井

关基井的钻探成功,不仅将国内超深井钻井技术提高到了一个新的水平,更是在物质极度匮乏的年代集中力量办大事的典型成就。它成了川西北石油人的精神地标,承载着石油精神和文化,是老一辈石油人忠诚奉献、攻坚克难的宝贵精神财富。这段艰苦创业、勇挑重担的奋斗历史,将永远在中国石油工业的发展史上熠熠生辉。

"地下珠峰"——塔里木油田轮探 1 井(8882 米)

轮探 1 井,坐落于新疆库车市境内,是中国石油集团的重点风险预探项目,其完钻井深达到了惊人的 8882 米,这一深度甚至超越了世界最高峰珠穆朗玛峰的海拔,因此被形象地称为"地下珠峰"。该井的钻探目标直指超深层寒武系盐下白云岩,旨在加速推进超深层碳酸盐岩新领域的勘探步伐,对油气资源的勘探开发具有重要意义。

塔里木盆地台盆区,作为我国油气资源勘探的重要区域,拥有丰富的海相油气系统和广阔的勘探前景。然而,该区域的储层大多埋藏深度超过 8000 米,面临着地层温度高、压力巨大等极端地质条件,给钻井工程带来了前所未有的技术挑战。在这样的背景下,轮探 1 井的成功钻探无疑是一项具有里程碑意义的成就。

2020 年 1 月 19 日,塔里木油田传来了振奋人心的消息:经过酸压测试,轮探 1 井日产原油达到了 133.46 立方米,天然气产量更是高达 4.87 万立方米。这一成果标志着塔里木盆地寒武系盐下超深层勘探取得了重大突破,证实了 8200 米以深的地层中仍然蕴藏着丰富的原生油藏和优质的储盖组合。这一发现不仅为塔里木油田在超深领域的油气勘探提供了坚实的信心和决心,也为我国陆上油气资源的接替和可持续发展注入了新的活力。

图 13.2 "地下珠峰"——塔里木油田轮探 1 井

为了克服超深层油气勘探中的极限难题，塔里木油田与西部钻探等单位携手合作，在钻井提速、完井提产等方面取得了显著的技术突破。他们不仅创造了亚洲陆上最深井、最深出油气井等多项纪录，还为塔里木盆地超深层油气资源的勘探开发奠定了坚实的基础。

塔里木盆地寒武系盐下的勘探范围广泛，潜力巨大。据估算，9000米以浅的有利勘探面积达到了2.3万平方千米，石油资源量约为3.1亿吨，天然气资源量更是高达3.3万亿立方米，油气当量合计约30亿吨。这一区域无疑将成为塔里木油田油气事业加速发展的新战略接替区，对于保障国家能源安全具有重要意义。

在钻探过程中，轮探1井也面临了诸多技术难题。例如，套管方位角及狗腿度的变化大，导致管柱摩阻增大；桥塞与套管间隙小，高比重泥浆容易造成堵塞；而首次使用进口易钻桥塞更是缺乏成功经验可借鉴。面对这些挑战，塔里木油田的技术团队迎难而上，通过精心设计和严格施工，成功克服了这些技术难题。他们为桥塞选定了合适的送入工具，并进行了高标准保养维护；同时，对管柱在狗腿度上的悬重进行了精确计算，并在下钻至关键节点时严格控制速度，有效避免了中途遇阻、提前坐封等异常情况的发生。最终，桥塞一次坐封成功，坐封位置达到了8548.62米，创下了亚洲桥塞坐封最深的新纪录。

轮探1井的重大发现不仅为塔里木油田的勘探开发提供了新的增长点，也为我国超深层油气勘探提供了宝贵的经验和启示。随着勘探技术的不断进步和勘探领域的不断拓展，相信塔里木油田将在未来为我国油气事业的发展作出更大的贡献，为保障国家能源安全提供坚实有力的支撑。

曾经的亚洲最深直井——蓬深6井（9026米）

2023年2月13日，中国石油西南油气田公司位于四川省绵阳市盐亭县大兴回族乡广裕村的蓬深6井顺利完钻并成功固井，井深达到了9026米，这一深度刷新了亚洲最深直井的纪录，堪称油气勘探领域的"地下珠峰"。

蓬深6井是蓬莱气区探索灯影组的一口重点预探井，旨在深入探索8000米以深灯影组储层的发育情况及含气性。该井由中国石油川庆钻探公司90025队承钻，自2021年7月5日开钻以来，历经561天的艰苦努力，最终实现了这一壮举。原设计井深为7990米，但为了进一步探索灯影组深部地层的含油气性，最终决定将井深加深至 9026 米。

油气层埋深超过 9000 米的特深井勘探面临着诸多世界级难题。例如，蓬深 6 井在钻探过程中就遇到了大于 200 摄氏度的超高温、大于 150 兆帕的超高压以及高含硫等极端条件。这些条件给钻头工具的选型、水力参数的设计以及钻井液体系的配套都带来了巨大挑战。为了应对这些难题，蓬深 6 井特别选配了最先进的 9000 米全电动钻机，并且所有钻机、地面固控设备、钻井泵、钻头及配套螺杆钻具等均为国产化装备。这些装备的应用不仅提高了钻探效率，还大大降低了钻探成本。

图 13.3　蓬深 6 井钻井现场

除了先进的装备外，蓬深 6 井的钻探成功还得益于数字化技术的助力。钻井平台的地面上安装了数十个传感器和监控设备，它们构成了一张"数字网络"，能够实时采集并传输图像和数据信息至后台，方便工作人员远程了解地下情况并进行精准控制。这种数字化技术的应用极大地提高了钻探的准确性和安全性。

蓬深 6 井的钻探成功不仅改写了直井钻井深度的历史，还创下了灯影组取芯施工井深最深等多个区块纪录。这一成就标志着我国深井钻井整体水平实现了从国际"跟跑"到"并跑"的进一步提升。同时，也展示了我国在钻井装备和钻井技术方面的雄厚实力。

然而，蓬深 6 井的钻探过程并非一帆风顺。在钻探过程中，钻井队遇到了诸多挑战。例如，超高温条件导致钻头容易变形、钻井液容易稠化；小井眼条件对钻井的精度控制提出了极高要求；地层复杂程度极高，容易出现井漏、卡钻等事故。为了克服这些挑战，钻井队采用了特制材料的钻头、冷却工艺以及油基钻井液等先进技术，并加强了地质工程一体化管理、科技赋能以及管理提升等方面的工作。

蓬深 6 井所探索的灯影组含油气层是目前发现的四川盆地最古老的含油气层。该井的成功完钻在四川盆地深层油气勘探具有里程碑意义。它不仅验证了川中古隆起北斜坡的含油气性，还深化了人们对古老深层地层油气形成和赋存机理的认识。同时，也展示了我国对特深地层的钻井能力。

展望未来，深层、超深层已经成为我国油气重大发现的主阵地。中国石油西南油气田公司已在广元市剑阁县部署了一口万米科学探井。蓬深 6 井的钻探成功为下一步四川盆地万米深井的实施奠定了坚实基础，并提供了宝贵的技术支撑和经验借鉴。随着油气勘探开发的不断深入和技术的不断进步，我国将在全球油气市场中占据更加重要的地位。

向地球深部进军·深地塔科 1 井创 10000 米纪录

2024 年 3 月 4 日，中国石油塔里木油田的深地塔科 1 井钻探深度成功突破 10000 米大关，这一里程碑式的成就标志着我国深地油气钻探技术达到了国际先进水平。这口井位于新疆阿克苏地区沙雅县境内的塔克拉玛干沙漠腹地，是塔里木油田实施的重大"深地工程"，旨在进行科学探索和油气发现。其设计井深为 11100 米，自 2023 年 5 月 30 日开钻以来，历经艰难挑战，终于实现了万米钻探的壮举。

深地塔科 1 井的钻探过程充满了复杂性和挑战性。从地面到万米地下，需要穿越多套不同岩性、不同压力系统的岩层，这些岩层的地质构造复杂多变，给钻探工作带来了极大的困难。深地塔科 1 井设计井深 11100 m，预测井底温度 213℃，预测地层压力 133 MPa，钻井作业面临超深、超高温、超高压、高含硫"三超一高"的极端恶劣井况。

在这样恶劣的井下环境中，一般的钻井设备仪器的电子元器件、橡胶件等极易损坏或失效。然而,我国石油工业的科研团队和工程技术人员迎难而上,通过联合攻关和自主创新,成功攻克了多项关键技术难题。

为了应对井下的极限温度压力环境,中国石油塔里木油田、西部钻探、宝石机械等多家单位携手合作,共同研制了全球首台12000米特深井自动化钻机,并创新研发了220摄氏度超高温钻井液、抗高温螺杆、测斜等工艺技术。同时,在万米取芯及电缆等资料录取装备方面也取得了突破,成功研制了175兆帕特高压压裂车、压裂液装备等关键设备,并成功在现场进行了试验。这些创新成果为深地塔科1井的成功钻探提供了有力的技术保障。

图 13.4　深地塔科 1 井在进行钻井作业

在钻探过程中,塔里木油田集合了地质、工程、装备等精锐力量,组建了9支技术支撑组,为突破"深地极限"提供了全方位的支持。经过艰苦努力,深地塔科1井在井斜、井径、测井等关键质量指标方面均达到了100%的合格率,形成了7类21项阶段成果,其中包括抗特高温水基钻井液、大吨位长裸眼下套管及固井配套技术等。这些成果的取得,不仅展示了我国石油工业的自主创新能力和技术水平,也为后续深地油气勘探开发奠定了坚实基础。

深地塔科1井的成功钻探不仅具有重要的工程意义,还具有深远的科学意义。通过钻取分析深藏地下万米的岩芯,可以揭示大陆地壳的物质组成与结构,探索地球深部流体系统与地热结构,探寻地球演化规律等一系列重大基础科学问题。这些研究成果将为突破传统地质认识、形成中国特色万米油气成藏地质理论起到重要作用。同时，深地塔科 1 井所处的塔里木盆地是全球唯一以超深层资源为主的含油气盆地，也是我国最大的深地油气富集区。因此，该井的成功钻探对于保障我国能源安全、推动能源产业高质量发展具有重大意义。

图 13.5　深地塔科 1 井现场照片

世界新增油气储量的 60% 来自深部地层，我国 83% 的深地油气仍有待探明开发。深地塔科 1 井所处的塔里木盆地，是我国最大的深地油气富集区。向地球深部进军，成为石油战线保障国家能源安全的必由之路。近年来，中国石油在塔里木盆地大力实施"深地工程"，已经成功钻探了 140 多口深度超 8000 米的"地下珠峰"。随着深地塔科 1 井的钻探成功，我国石油工业将继续向地球深部挺进，不断推动深地油气勘探开发技术的迭代升级，为保障国家能源安全作出更大贡献。

第十四章　海上钻井

14.1　海上钻井简介

　　油气属于不可再生能源,当陆上油气资源得到充分开发后,人类便将目光投向了广袤的海洋。海洋油气资源非常丰富,其储量据估计占全球油气资源总储量的 1/3 以上,人类从 20 世纪 40 年代就开始了海洋油气开发。海洋油气开发装备产业是直接关系海洋油气资源开发、影响国家能源稳定和经济安全的战略产业。为了开发这些宝贵的能源,人类创造了一种特殊的海上结构物——海上钻井平台。

　　海上钻井平台,顾名思义,是用于钻探井的海上结构物。它不仅是海上油气勘探开发的关键工具,更是人类智慧与科技的结晶。平台上面装有钻井、动力、通讯、导航等设备,以及安全救生和人员生活设施,是一个集生产、生活、安全于一体的综合系统。

　　海上钻井平台主要分为两大类:固定式平台和移动式平台。固定式平台,如导管架式平台、混凝土重力式平台等,通常安装在较浅的水域,通过桩基或重力作用固定在海底。它们的特点是稳定性好,但运移性差,一旦安装完成,就难以移动。相比之下,移动式平台则更加灵活,能够根据需要移动到不同的海域进行钻探作业。

　　移动式平台包括坐底式平台、自升式平台、半潜式平台和钻井船等。坐底式平台在到达作业地点后,通过向沉垫中注水,使平台慢慢下降,直至坐到海底。自升式平台则通过桩腿插入海底,将工作平台升起到一定高度进行作业。半潜式平台和钻井船则更加先进,它们能够在较深的水域作业,并且具有良好的抗波和抗冰能力。

半潜式平台是一种非常先进的海上钻井设备。它的主体结构部分潜入水中,只露出部分甲板和钻井设备。这种设计使得平台在风浪中更加稳定,同时能够减少波浪对平台的冲击。半潜式平台通常配备有先进的动力定位系统,能够在没有锚泊的情况下保持位置稳定,进行精确的钻探作业。

钻井船则是一种浮动式的海上钻井平台。它像一艘巨大的轮船一样,在海面上漂浮,并通过锚泊系统或动力定位系统保持位置。钻井船上装有完整的钻井设备和生活设施,能够在远离海岸的深水海域进行作业。钻井船的优点是灵活性高,能够快速移动到不同的作业地点,但相应的,其建设和运营成本也较高。

海上钻井平台的工作过程充满了挑战。在波涛汹涌的大海上,平台需要克服海流、潮汐、风力等多种自然因素的影响,确保钻探作业的顺利进行。同时,平台上的工作人员也需要面对长时间的海上生活和工作压力,保持高度的专注和敬业精神。

为了确保海上钻井平台的安全运行,人们采取了一系列的技术和管理措施。平台的设计和建造需要遵循严格的标准和规范,确保其结构强度、稳定性和耐久性。同时,平台还需要配备完善的安全救生和消防设备,以应对可能出现的紧急情况。此外,对平台上的工作人员进行定期的安全培训和演练也是必不可少的。

海上钻井平台在能源开采中发挥着举足轻重的作用。它不仅为人类提供了宝贵的石油和天然气资源,还推动了海洋工程技术的不断发展和创新。随着科技的进步和海洋资源的日益开发,海上钻井平台将会在未来继续发挥更加重要的作用。

14.2 中国海上钻井发展历程

20世纪50年代末至60年代,中国成功制成了第一座浮筒式钻井平台,并在莺歌海海域进行了钻探作业,成功获取了原油,这标志着中国海洋石油勘探开发的正式起步。随后,在渤海海域,中国建造了第一座正式的海上平台,并于1967年获得了工业油流,为中国海洋石油勘探开发奠定了坚实基础。

进入20世纪80年代,随着中国改革开放的推进,海洋石油勘探开发迎来了新的发展机遇。1984年,中国成功建造了第一座半潜式钻井平台,该平台具有优良的抗风浪性能和较大的可变载荷,能够在较深海域进行钻探作业,为中国海洋石油勘探开发提供了强有力的技术支持。同年,中国还建成了第一座现代化海上油田,标志着中国海洋石油工业在技术和装备上取得了重要突破。

进入21世纪,随着中国经济的快速发展和对能源需求的不断增加,海洋石油勘探开发成为国家能源战略的重要组成部分。中国海洋钻井平台的设计和建造水平不断提升,已经能够自主设计和建造各种类型的钻井平台,包括半潜式、自升式等。这些先进平台不仅在国内海洋石油勘探开发中发挥了重要作用,还积极参与国际市场竞争,展示了中国海洋石油工业的强大实力。

近年来,中国海洋钻井平台市场规模持续扩大,这充分展示了中国海洋石油勘探开发的巨大潜力和市场前景。同时,中国政府和企业也加大了对海洋基础装备的资金投入和人才培养力度,不断提升自身的科研、管理、设计、建造水平,为海洋石油勘探开发事业的持续发展提供了有力保障。

综上所述,中国海上钻井平台的发展历程是一部技术与创新并进的史诗。从最初的浮筒式钻井平台到现在的半潜式、自升式等先进平台,中国海洋石油勘探开发能力不断提升,为国家能源安全和经济社会发展作出了重要贡献。未来,中国将继续加大对海洋基础装备的投入和研发力度,推动海洋石油勘探开发事业的持续发展,为人类社会的可持续发展贡献更多力量。

14.3 中国海上钻井平台的里程碑

1966年第一座固定式海洋石油钻井平台

1966年12月2日,由我国自行设计的第一座固定式海洋石油钻井平台"1号平台"建成,在渤海湾成功钻探了我国海上第一口深探井——海1井,1967年收获工业油流。海1井成为我国海上第一口工业油流井,标志着中国海洋石油工业正式起步。

中国的地质工作者自1916年起就陆续在渤海周边地区进行地质调查。1954年3月,当时中国的地质部部长、著名地质学家李四光就将渤海湾列入中国三大石油勘探远景区之一。许多国外的地质专家认为,渤海具有生成油藏的条件,是石油的富集区。从1959年开始,原地质部对渤海及周边地区进行了多次地质调查。

20世纪60年代,我国整体技术水平还非常落后,在海上施工相较陆地更是

向地球深部进军 ——从里耶古井到羊八井能源新纪元

图 14.1　第一座固定式海洋石油钻井平台——海 1 井

困难重重。建设之初,渤海石油人只能依靠 6 条小船拖着导管架出海,冒着很大风险在大风浪里闯。如拖运途中突然刮起大风,就掉转船头往回跑,靠上码头风小了,马上再次出海。驳船第一次出海就是这样往返三次才抵靠海 1 井的位置。

钻探海 1 井的过程中,由于缺乏钢材和大型驳船、起重船、打桩船,1 号平台规模很小,只有简单的生产、生活设施,可供人居住的只有一间铁皮房。钻井队上了平台,30多人挤睡在这间小房子里,其余的工人有的睡在泥浆池里,有的睡在机器旁的篷布上。隆冬的海上滴水成冰。夜晚,人呼出的热气在平台的钢甲板上结成冰凌,有人的头发冻结在冰凌里,早晨得让别人把冰敲碎才能爬起来。

海上平台位置有限,活动受限,安装井架很困难,那时还没有先进的设备,很多工作需要人力完成。在陆地一天能完成的工作,在海上需要近一周。

为了确保顺利开钻,渤海石油人发扬"大庆精神""铁人精神",很多作业靠人拉肩扛。海风猛烈,平台狭小,安装井架十分困难,有劲使不上,一件设备吊上去常常要摆弄多次才能就位。42米高的井架,足足安装了6天。

1966年12月31日23时45分,海1井正式开钻。1967年3月初,钻井队重上"1号平台",在对平台设备设施重新调试及试运转,确认正常后开钻。当钻至井深1616米时,地气组发现了油气显示。伴随着钻机向目的层钻进,钻井队高度戒备,强调安全防火,泥浆组及时调整泥浆比重,做好应急准备。探井于井深2441米完钻。经过测试,海1井日产原油35.2吨,天然气1941立方。

第一座自升式钻井平台——渤海1号

自升式是指平台的几根桩腿可以自行升降,桩腿下降后扎入海底,船体即可固定,从事钻井作业;桩腿上升后船体浮于海面,即可航行移动。1972年,我国有了第一座自升式钻井平台,命名为渤海1号。虽然它与当时国外先进的桁架型桩腿相比,落后了一代,但是,从无到有,我国终于有了自己设计建造的自升式钻井平台。

渤海1号的诞生,是中国海洋石油工业从无到有的重要里程碑。1970年夏天,海洋勘探指挥部与相关单位开始着手设计、建造这一平台。石油工业部领导对此高度重视,委托六机部708所进行总体设计,大连红旗造船厂承担建造任务。在"三结合"的领导模式下,设计、建造与使用单位紧密合作,共同攻克技术难关。

渤海1号由船体(平台),四根长73米、直径2.5米的桩腿,液压升降系统和海上钻井设备等组成。移位时,船体通过液压升降机构下降至水面,桩腿从海底提起,平台漂浮于海面。到达新井位后,桩腿下放并插入海底,平台沿桩腿升至作业安全高度,开始钻井作业。通常,一个升降位置可钻九口井。

向地球深部进军——从里耶古井到羊八井能源新纪元

图 14.2　拖航中的渤海 1 号

在设计过程中,我国工业基础薄弱,设计人员面临无资料、无图纸、无实物参考的困境。然而,708 所的工程师们凭借坚定的信念和不懈的努力,克服重重困难,进行了大量复杂计算和试验,最终完成了设计方案。在施工过程中,大连红旗造船厂的工人们与设计人员紧密配合,克服船台小、吊装难度大等困难,用自制的设备 24 小时连续作业,保证了整体进度。

特别值得一提的是,渤海 1 号的电力系统采用了高压 3000 伏交流电,对绝缘、防盐、防震性能要求极高。电工车间的工人们经过反复学习和试验,终于攻克了这一技术难题。此外,轮机车间的工人们也通过连续奋战,成功解决了两台内燃机并车发电的问题。

1972年5月底,渤海1号钻井平台顺利完成交接。同年6月8日,它在大连港起航,前往塘沽海洋石油基地进行升船试验。当钻井平台缓缓驶入港口时,码头上迎接的海洋石油工人们欢呼雀跃,庆祝这一历史性的时刻。

尽管渤海1号在设计上存在动力不足、升船液压系统不同步、钻井设备不配套等缺陷,但它仍然是中国海洋石油工业发展的重要里程碑。它不仅培养了一批设计、建造人才,更为渤海早期的石油勘探立下汗马功劳。如今,渤海1号已成为中国海洋石油工业发展史上的重要象征,激励着后人不断前行。

第一座坐底式钻井平台——胜利1号

我国浅海石油天然气资源十分丰富,但一般的自升式钻井平台受吃水深度限制不易进入极浅海区域钻井,为了实现胜利油田向浅海进军的夙愿,1978年我国第一座坐底式钻井平台胜利一号建造成功,填补了我国浅海钻井装备的空白,开创了国家浅海勘探的新局面。胜利一号是时任胜利油田钻井研究院总工程师的顾心怿(中国工程院院士)研制的,他不满足于就此止步,而是发奋为研制出极浅海滩涂区钻井急需的装备继续奋斗。

勘探一号双体钻探船

勘探一号双体钻探船是1970年国务院业务组为勘查海底石油而决定改装、建造和进口的钻井船之一。该项目由国家计委地质局627工程筹备组负责,并于1971年在上海和北京召开了设计审查会,决定利用两条相同的尾机型3000吨级旧货轮进行改建。设计工作在上海完成,选定上海海运局的战斗62和战斗63号货船作为改装基础。勘探一号于1972年12月28日在长江口试航,并于1974年5月19日正式出海试钻。该船在南黄海历经6年钻探了7口井,总进尺达15000米。然而,由于建造时的技术水平和工艺设备限制,勘探一号存在无法挽救的缺陷,且因船坞宽度不足无法进行检修,船体变形、腐蚀严重,轮机、电机破损,最终在1993年经地矿部批准报废。

向地球深部进军 ——从里耶古井到羊八井能源新纪元

图 14.3　我国第一艘海洋石油勘探船——"勘探一号"

"海上巨无霸"——蓝鲸 1 号

蓝鲸 1 号海上半潜式钻井平台，是中国自主研发的技术达到国际先进水平的钻井平台，也是目前全世界钻井深度最大、作业水深最大的半潜式钻井平台。由中国企业完成了包括调试、生产和安装的全过程，并且顺利交付，它的出现代表了中国在海上石化能源装备领域达到领先水平，具有里程碑式的重要意义。

该平台由烟台中集来福士（中集来福士海洋工程有限公司）自主设计并建造，不仅代表了当时全球最先进的超深水双钻塔半潜式钻井技术，更展示了中国在深海装备领域的强大实力。其能够在 12 级台风中保持平稳作业，更是让世人瞩目。

蓝鲸 1 号的体型之巨，令人叹为观止。平台长 117 米，宽 92.7 米，高度更是达到了 118 米,如同一座海上钢铁城堡。其最大作业水深可达 3658 米,最大钻井深度更是达到了 15240 米,这两项指标均位居全球之首,使得蓝鲸 1 号能够胜任全球范围内的深海作业任务。

图 14.4 蓝鲸 1 号平台

除了体型上的优势,蓝鲸 1 号在技术上也同样领先。平台配置了高效的液压双钻塔,这一创新设计大幅提升了作业效率,相比传统单钻塔平台,作业效率提高了 30%,同时节省了 10% 的燃料消耗。此外,平台还配备了全球领先的 DP3 闭环动力管理系统,这一系统如同平台的"定船神针",在 12 级台风中也能保持平台的稳定作业。DP3 动力定位系统是国际海事组织的最高动力定位级别,其精度最高,抗风险能力最强,能够抵御 18 级台风,确保了平台在极端天气条件下的安全作业。

在设计和建造过程中,蓝鲸 1 号也面临了诸多挑战。中集来福士采用了详细设计和基础设计并行推进的策略,仅用 9 个月就完成了平台的设计任务,比标准设计周期缩短了 3 个月。同时,平台在建造过程中也采用了多项创新技术,如首次使用 100 毫米 NVF690 超厚钢板,并成功完成了全球首个 CTOD 实验,使得中集来福士成为全球唯一一家通过 CTOD 实验并具有该类焊接生产能力的企业。此外,项目还首次运用了"日清日结、日事日毕"的精益管理,提高生产进度 15%。

向地球深部进军 ——从里耶古井到羊八井能源新纪元

图 14.5　蓝鲸 1 号（前右）及姊妹平台蓝鲸 2 号

在钻井系统方面，蓝鲸 1 号同样采用了大量新技术，如双钻塔、液压主提升、岩屑回收、超高压井控等。中集来福士深度参与了平台钻井系统的设计、拆包采购、设备安装、调试等关键环节，完成了大部分的自主设计以及完全的自主建造和钻井调试，这标志着中集来福士在深水半潜式钻井平台钻井大包领域的重大突破。

蓝鲸 1 号的成功交付，不仅进一步巩固了中集来福士在半潜式钻井平台领域的批量化交付能力，同时也锻炼出了一支优秀的项目管理和建造团队。这一平台的出现，不仅提升了中国在深海装备领域的国际竞争力，更为国家深海战略的推进提供了有力支撑。

展望未来，中集来福士将继续致力于深海装备的研发和创新，为海洋能源开发提供更多高品质、先进的深海装备。而蓝鲸 1 号作为其中的佼佼者，也将继续发挥其重要作用，为中国乃至全球的海洋能源开发事业贡献自己的力量。

不断刷新中国"深度"——海洋石油 982

从三亚天涯直升机场腾空而起，直升机飞越南海上空一个多小时后，稳稳降

海上钻井 第十四章

落在海洋石油 982 深水半潜式钻井平台的飞机甲板上。这座平台不仅是我国海洋工程技术的杰出代表，更是国家工业实力的象征。不久前，它成功完成了"深海一号"二期项目中压力最高的 A12 井的钻井作业，刷新了国内深水开发井的压力等级纪录，为项目的顺利投产和深水复杂油气资源的进一步开发奠定了坚实基础。

图 14.6　海洋石油 982 钻井平台进行现场作业

海洋石油 982 是我国自主投资建造的第六代深水半潜式钻井平台，也是当前世界最先进的第六代半潜式深水钻井平台之一，其规模宏大，型长 104.5 米、型宽 70.5 米、型高 37.55 米，具备在最大作业水深 1800 米、最大钻井深度 9144 米的极端环境下作业的能力。作为全球最先进的第六代钻井平台之一，它参与了多个重大油气勘探开发工程，展现了强大的技术实力和适应能力。

在茫茫大海中，海洋石油 982 钻井平台如同一个海上钢铁巨人，傲然矗立。踏上平台，人们会惊讶于它的平稳，仿佛置身于陆地之上。这得益于平台底部的 6 台推进器，它们如同轮船底部的螺旋桨，能够在卫星定位和计算机系统的引导下，通过调整方向产生的反向阻力，有效对抗洋流和风力的干扰，确保平台在惊涛骇浪中依然稳固。

平台的控制室是这座"海上钢铁之城"的大脑，一排排显示器实时显示着各种数据。动力定位系统开启后,位置传感器、风传感器、海流传感器等仪器将实时测得的数据传输给计算机,计算机经过处理后向各推进器发出指令,调整推力,确保平台稳定停留在预定位置。这种基于卫星导航定位技术的高精度海上位置参考系统,是保障海上钻井作业顺利进行的重要设备。

除了动力定位系统外,海洋石油 982 还配备了水下机器人这一重要工具。由于深水环境恶劣,人类潜水深度有限,水下机器人成了开发海洋的重要帮手。它们配置摄像头、多功能机械手,携带多种探测仪器和专业工具,能够完成各种复杂的水下作业。在钻井的不同阶段,水下机器人需要完成不同的任务,如观察井口返出情况、在井筒中安装或取回设备等。

图 14.7　海洋石油 982 钻井平台顺利完成流花 34‑6‑2 井项目全部钻井作业

海洋石油 982 正在作业的"深海一号"二期工程,气藏埋于海底 5000 多米处,地层压力高、温度高,开发难度极大。但凭借先进的钻井技术和装备,平台成功克服了这些困难,实现了从浅水向超深水的跨越。整个项目钻井作业工期较设计提前了 150 余天,提效超 30%,展现了我国在海洋油气开发领域的强大实力。

在海洋石油 982 平台上,每一位工作人员都怀揣着"碧海丹心,能源报国"的信念,他们面对高强度的工作和无尽的孤独,始终坚守岗位,为国家的能源安全贡献着自己的力量。这种石油精神，正是推动我国海洋油气开发事业不断前进的强大动力。

历经10余年的技术攻关和自主创新，中国海油的海上钻井技术和作业能力已经实现了从浅水向超深水的跨越，基本掌握了常规深水、超深水及深水高温高压整套深水钻探技术。我国不仅建立了自己的深水探井钻井技术体系，更在国际上构建了深水开发的中国标准和中国方案，为全球深水油气勘探开发贡献了中国智慧和力量。

同时，深海一号能源站的建成与成功投用，标志着我国由此掌握了一套适应深水复杂海域、具有自主知识产权的半潜式生产储卸油平台总体技术，形成了一整套我国海上深水气田高效开发技术体系，填补了多项国际技术空白；同时，也是我国深海工程发展史上的里程碑，标志着我国海洋石油工业进入超深水时代，同时也向全世界郑重宣告我国掌握了全海域油气开发主动权，具备进军南海中南部超深水海域的技术实力，改变了深水油气开发依赖欧美国家的现状，为在南海建设"和平之海、合作之海"奠定了基础！

参考文献

[1] 甘谷县人民政府.古风台:伏羲生地的岁月回响[EB/OL].(2024-05-21).

[2] 楚都纪南城探析:基于考古与出土文献新资料的考察.历史地理研究,39(02),46-57.

[3] 纪南文旅局.楚纪南故城:确认城址始建于战国早期[N/OL].(2024-01-29).

[4] 孟华平,后加升,孙建辉,项章,汪保明,吴朝江,倪翠芳,王晓玲.(2011).湖北随州市王家台遗址发掘简报.江汉考古(03),41-55.

[5] 任林平.(2022).江苏常州前桥村遗址古井群.大众考古(4),12-13.

[6] 张华松.(2006).济南舜井舜祠考——兼谈今济南舜井街一带舜文化景观的恢复.齐鲁文化研究(00),226-240.尹弘兵.(2019).

[7] 山西发现战国水井遗存实证 2400 年前筑井技术.(2023).山西发现战国水井遗存实证 2400 年前筑井技术.文物鉴定与鉴赏(12),73.

[8] 河姆渡遗址第一期发掘报告.(1978).考古学报(1),39-94,140-155.

[9] 余姚市人民政府.河姆渡遗址博物馆简介[EB/OL].(2024-12-02).

[10] 胡建,杨勇,温敬伟.(2007).广州市南越国宫署遗址 2003 年发掘简报.考古(03),15-31.

[11] 重庆市民政局.新重庆·老地名丨城口——鸡鸣寺[EB/OL].(2024-07-05).

[12] 银川市人民政府.承天寺塔[EB/OL].(2023-03-01).

[13] 鄂多克旗政府.百眼井[EB/OL].(2024-08-14).

[14] 淄博市水利局.淄博古井古泉·东高古井[EB/OL].(2021-07-28).

[15] 吐鲁番市人民政府.吐鲁番坎儿井探秘[EB/OL].(2022-11-27).

[16] 曾义金,刘建立.深井超深井钻井技术现状和发展趋势[J].石油钻探技术,2005,(05):4-8.

[17] 汪海阁,郑新权.中石油深井钻井技术现状与面临的挑战[J].石油钻采工

艺,2005,(02):4-8+81.

[18] 罗志立,孙玮,代寒松,王睿婧.四川盆地基准井勘探历程回顾及地质效果分析[J].天然气工业,2012,(04):16-19+125.

[19] 杨海军,陈永权,田军,等.塔里木盆地轮探1井超深层油气勘探重大发现与意义[J].中国石油勘探,2020,25(02):62-72.

[20] 杨沛,刘洪涛,李宁,等.塔里木油田超深井钻井设计及优化技术——以亚洲最深井轮探1井为例[J].中国石油勘探,2021,26(03):126-135.

[21] 王明华,贺立勤,卓云,等.川渝地区9000 m级超深超高温超高压地层安全钻井技术实践与认识[J].天然气勘探与开发,2023,46(02):44-50.

[22] 赵青霞.山西地热资源开发利用史初探[D].山西大学,2005.

[23] 严陆光.中国电气工程大典.第7卷,可再生能源发电工程[M].北京:中国电力出版社,2010.

[24] 丰顺县人民政府.邓屋地热电站:"印记"、"名片"到"助推器"[EB/OL].(2014-05-08).

[25] 周大吉.西藏羊八井地热发电站的运行、问题及对策[J].电力建设,2003,(10):1-3+9.

[26] 中国地质调查局."地热+":绿色中国新名片(改革开放40周年科技系列报道之能源篇④)[EB/OL].(2018-06-27).

[27] 世界屋脊的"明珠"——西藏地热电站[J].国际贸易,1995,(10):36.

[28] 许志翔,舒峻峰,高俊,等.羊易电站地热光热联合发电方案比选[J].水电与新能源,2021,35(10):60-63.

[29] 中国政府网.我国海拔最高地热电站累计发电突破5亿千瓦时[N/OL].(2023-04-09).

[30] 李卫卫,饶松,唐晓音,等.河北雄县地热田钻井地温测量及地温场特征[J].地质科学,2014,49(3):14.

[31] 西藏自治区自然资源厅.西藏地热资源及地热发电的现状与发展[N/OL].(2010-08-14).

[32] 邓紫娟.云南省腾冲热海地热田水化学及同位素特征[D].硕士学位论文,中国地质大学(北京),2009.

[33] 郭婷婷.云南腾冲热海地热田特征及成因研究[D].硕士学位论文,昆明理工大学,2013.

[34] 保山市人民政府.腾冲火山热海——保山市人民政府门户网站[EB/OL].(2022-08-22).

[35] 廖志杰.腾冲热海地热田地热发电开发的利弊[C]//中国能源研究会地热专业委员会.中国地热资源开发与保护——全国地热资源开发利用与保护考察研讨会论文集.北京大学地球空间科学学院,2007:4.

[36] 陕西省地质调查院.陕西省地热能资源丰富开发利用潜力巨大[EB/OL].2020.

[37] 史配铭,刘召友,荣芳,等.超深探井荔参1井钻井关键技术[J].石油工业技术监督,2024,40(02):50-55.

[38] 许志琴.中国大陆科学钻探工程的科学目标及初步成果[J].岩石学报,2004,(01):1-8.

[39] 邹长春,王成善,彭诚,等.中国大陆科学深钻发展的若干思考与建议[J].现代地质,2023,37(01):1-14.

[40] 国家发展和改革委员会.【中国大陆科学钻探工程】——国家发展和改革委员会[EB/OL].(2013-09-30).

[41] 苏德辰,杨经绥.国际大陆科学钻探(ICDP)进展[J].地质学报,2010,84(06):873-886.

[42] AN Z, COLMAN S M, ZHOU W, et al. Interplay between the Westerlies and Asian monsoon recorded in Lake Qinghai sediments since 32 ka[J]. *Scientific Reports*, 2012, 2(8): 619.

[43] 中国科学院地球环境研究所.青海湖国际环境钻探项目——中国科学院地球环境研究所[EB/OL].(2020-12-24).

[44] 安芷生,王平,沈吉,张毅祥,张培震,王苏民,李小强,孙千里,宋友桂,艾莉,张叶春,姜绍仁,刘兴起,汪勇.2006.青海湖湖底构造及沉积物分布的地球物理勘探研究.中国科学D辑地球科学,2006,36(4):332~341.

[45] 王成善,冯志强,吴河勇,等.中国白垩纪大陆科学钻探工程:松科一井科学钻探工程的实施与初步进展[J].地质学报,2008,(01):9-20.

[46] Gao Y, Wang C, Wang P, et al. Progresson Continental Scientific Drilling Project of Cretaceous Songliao Basin(SK-1 and SK-2)[J]. *Science Bulletin*, 2019, 64(02): 73-75.

[47] 中国地质调查局.全球首个钻穿白垩系科学钻井在黑龙江松辽盆地正式完

井[EB/OL].(2018-05-28).

[48] 李海兵,许志琴,马胜利,等.汶川地震和九寨沟地震断层作用及动力学过程研究进展——纪念汶川地震十周年[J].地球物理学报,2018,61(05):1653-1665.

[49] 许志琴,吴忠良,李海兵,等.世界上最快回应大地震的汶川地震断裂带科学钻探[J].地球物理学报,2018,61(05):1666-1679.

[50] 中华人民共和国科学技术部.汶川地震断裂带科学钻探项目进展[EB/OL].(2010-03-03).

[51] 国务院国有资产监督管理委员会.国机"神器"刷新国内最大钻深纪录[EB/OL].(2020-07-03).

[52] 刘晓阳,李大昌,叶雪峰.中国铀矿第一科学深钻施工概况[C]//中国地质学会探矿工程专业委员会.第十七届全国探矿工程(岩土钻掘工程)学术交流年会论文集.核工业北京地质研究院,中国地质大学〈武汉〉工程学院;2013:4.

[53] 聂江涛.中国铀矿第一科学深钻[J].铀矿地质,2014,30(02):128.

[54] 南京大学地球科学与工程学院.川西伟晶岩型锂矿科学钻探开钻仪式顺利举行[EB/OL].(2020-06-03).

[55] 曾义金,刘建立.深井超深井钻井技术现状和发展趋势[J].石油钻探技术,2005,(05):4-8.

[56] 汪海阁,郑新权.中石油深井钻井技术现状与面临的挑战[J].石油钻采工艺,2005,(02):4-8+81.

[57] 罗志立,孙玮,代寒松,王睿婧.四川盆地基准井勘探历程回顾及地质效果分析[J].天然气工业,2012,(04):16-19+125.

[58] 杨海军,陈永权,田军,等.塔里木盆地轮探1井超深层油气勘探重大发现与意义[J].中国石油勘探,2020,25(02):62-72.

[59] 杨沛,刘洪涛,李宁,等.塔里木油田超深井钻井设计及优化技术——以亚洲最深井轮探1井为例[J].中国石油勘探,2021,26(03):126-135.

[60] 王明华,贺立勤,卓云,等.川渝地区9000m级超深超高温超高压地层安全钻井技术实践与认识[J].天然气勘探与开发,2023,46(02):44-50.

[61] 李欣忆,冯雪梅,朱珠.钻头直下三千丈"西南"扛鼎超深层[J].中国石油石化,2023,(06):54-55.

[62] 王春生,冯少波,张志,等.深地塔科 1 井钻井设计关键技术[J].石油钻探技术,2024,52(02):78-86.

[63] 杨寒.我国首口万米科探井鸣笛开钻标志着我国深地探测系列技术跨入世界前列[J].天然气与石油,2023,41(03):13.

[64] 张海彬.深水钻探装备技术发展现状及展望[J].船舶,2022,33(02):1-12.

[65] 黄悦华,任克忍.我国海洋石油钻井平台现状与技术发展分析[J].石油机械,2007,(09):157-160+182.

[66] 崔青.海洋平台发展现状及前景[J].石化技术,2018,25(06):213.

[67] 闫建文.中国海上第一井海 1 井[J].石油知识,2020,(05):44-45.

[68] 陈瑜.海 1 井:我国海洋石油工业由此启航[J].中国石油企业,2023,(05):93.

[69] 练崟,储志杰,崔九成."渤海 1 号"设计回顾[J].舰船科学技术,1980,(01):1-34.

[70] 任贵永,杨明华,李淑琴.胜利一号坐底式钻井平台结构设计[J].中国海洋平台,1989,(02):1-5+5+12.

[71] 共青团中央微信公众号.中国南海"蓝鲸 1 号"钻井平台,真正的海上巨无霸[J].企业观察家,2023,(04):46-47.

[72] 伊然.试采可燃冰的大国重器——"蓝鲸 1 号"[J].石油知识,2017,(04):4-5.

[73] 张光明,朱明,于爽.深水新星缘何堪称最先进?——实地探访深水钻井装备"海洋石油 982"[J].机电设备,2017,34(05):61-62.